한국의 전통 공예
토기

한국의 전통 공예 도기

나 선 화 지음

우리 문화의 뿌리를 찾아서를 펴내며

한국의 전통 문화를 세계화하고자 하는 의도에서 기획된 '우리 문화의 뿌리를 찾아서' 시리즈는 우리 문화의 독특함과 보편성을 다양한 분야에서 연구한 성과들을 국내외에 소개함으로써 세계 속에서 한국 문화의 위상과 학문적 경쟁력을 높이는 데에 그 목적이 있다.

한글과 영어로 발간되는 이 시리즈는 지나치게 학술적인 경향이나 단순한 안내서의 수준을 지양하고 한국의 전통 문화를 이루는 근간을 다양한 사진 자료를 통해 집중 조명해 봄으로써 우리 문화를 폭넓고 깊이있게 이해할 수 있도록 하는 데에 그 특징이 있다.

이 시리즈는 또한 현대 문명이 유발한 문제점들을 치유하는 대안이 한국의 전통 문화의 본질 속에 들어 있다는 것을 깨닫게 함으로써 세계인들이 한국 문화의 우수성을 올바로 이해하는 데에 크게 기여할 것이다.

2005년 11월

이화여자대학교출판부

도 1. 여러 가지 토기 청동기 시대, 사천 본촌리 유적, 경상대학교박물관

책머리에

사람이 삶의 터전을 꾸리고 삶을 영위하면서 생활에 필요한 여러 가지 용품을 주변에서 쉽게 구할 수 있는 재료로 제작한 것이 공예의 시작이라고 보면 공예는 인류의 기원부터 우리와 함께했다고 할 수 있다.

공예품은 보다 윤택하고 편리한 삶을 위해 고안한 여러 가지 가재 도구와 기구, 생활 잡기가 모두 포함되므로 그 범위 또한 넓다. 공예는 재료에 따른 분류만 하여도 금속공예 · 돌공예 · 목공예 · 칠공예 · 죽공예 · 종이공예 · 가죽공예 · 도자공예 · 밀초공예 · 유리공예 등으로 다양하며 수요 계층과 사용처에 따라 사찰과 서원, 신당 등에서 쓰인 종교 용품, 통치자의 권위와 위용을 드러내는 당대 기술과 예술의 요체인 왕실 용품, 귀족 사회의 경제적 풍요와 힘을 표현하고 있는 장식적이고 정교한 가재 도구들, 일반 민중의 생활사를 대변하고 있기에 '민예(民藝)'라는 별도의 용어로 분류되는 서민의 순후한 일상 생활 용품 등 그 종류가 다양하다.

한국의 공예는 시대(時代)와 시세(時勢)와 시풍(時風)에 따라 독특한 발달 양상을 보였다. 기하학적인 선(線)으로 장식 문양을 넣어 현대적인 미감을 자랑하는 신석기 시대의 빗살무늬 토기, 청동기 주조 기술의 완성을 보여주는 청동기 시대의 정교한 거울, 청동세문경(靑銅細紋鏡), 멀리 중앙아시아에 그 기원을 두고 있는 정교한 금은(金銀) 세공술이 돋보이는 고구려 · 백제 · 신라 · 가야의 금관과 금제 귀걸이, 세계 도자사에서 그 예술성이 확실하게 인지되고 있는 고려의 청자(靑磁), 조선 시대의 담백한 백자 · 분청 사기 등의 도자 공예품과 간결하고 쾌적한 목공 가구들, 화려하면서도 운치 있는 나전 칠기 등이 각 시대의 이념과 기술, 예술성을 담고 있다.

각 시대마다 다양한 모습으로 그 기술성과 예술성을 자랑하는 여러 가지 한국 공예품 가운데 여기에 소개하고자 하는 것은 한민족의 생활사와 맥을 같이해온 오랜 전통의 한국 도기(陶器)이다.

한국은 아시아 북방 동쪽에서 강줄기를 따라 서쪽의 중앙아시아로 나아가며 동서양을 연결하던 초원의 길의 종점이면서 황해를 통하여 동지나해를 거쳐 인도양으로 나아가 서양의 지중해로 갈 수 있는 바닷길의 시발점이라는 지리적 특수성으로 인해 선사 시대부터 대륙의 다양한 문화를 유입할 수 있었고 통과시킬 수 있었다.

한국의 도기의 흐름에서도 이 같은 지리적 특성이 낳은 한국 문화의 구성을 볼 수 있다. 즉 동서양을 가로지르는 초원의 길에서 형성된 여러 문명과의 교류를 통해 다양하고 풍부한 도기 제작 기술을 수용함으로써 아시아 북방 대륙의 도기 문화가 한국민의 일상 생활 속에 뿌리내리게 되었고, 또한 바닷길을 따라 인근 일본으로 그 기술을 전파하기도 하였다.

한국 도기의 역사는 생명의 근원인 흙으로 먹거리를 오래 보관할 수 있는 부드러운 토기를 만들게 되면서 시작되었다. 그 후 쇠처럼 단단한 경질 도기를 개발하고, 도기에 유약을 입히는 고급 도기를 정착시켰고, 근대에는 옹기가 일상 생활 용기로 널리 쓰이면서 도기가 한국 도자기 역사의 중심이 되었다. 고려, 조선 시대에 중국으로부터 들어온 새로운 자기 생산 기술을 습득하여 고려 청자, 조선 백자, 분청 사기 등의 독창적인 자기 문화가 발전하기도 하였으나 왕조가 바뀌고 시대가 바뀌어도 도기는 선사 시대부터 현대에 이르기까지 가장 오랜 전통을 이어가며 한국인의 주요 생활 용기로 변함없는 사랑을 받았다(도 1).

한국 도기는 한국인의 삶 속에서 오랜 기간 생활 용기로 흔하게 사용되었기에 자기를 중심으로 서술하던 한국 도자기 역사에서는 그 존재가 부각되지 않았으며, 한국의 주변 국가인 중국 · 일본 · 동남아시아 여러 국가들의 도기에 비하여 세계 도자사에 그 정체성이 소개되지 못하였다. 그러나 한국 도기는 오랜 역사와 함께 단순한 형태가 주는 자연스럽고 담백한 아름다움으로 한국 전통 공예의 순후함을 설명해 주는 문화 유산의 하나이며 한국 전통 예술의 힘을 보여주는 가치 높은 예술품임이 분명하다.

지은이

차례

한국의 전통 공예 도기

책머리에 7

Ⅰ. 무유 도기(無釉陶器)의 전통

1. 한국 도기 공예의 여명기, 신석기 시대 15
2. 생활 용기로의 정착, 청동기 시대 21
3. 다양한 문명의 수용, 초기 철기 시대 27
4. 독자적 도기 문화의 형성, 삼국 시대 31
5. 도기의 새로운 도약, 남북국 시대 55
6. 도기의 전파와 계승, 고려 · 조선 시대 77

Ⅱ. 시유 도기(施釉陶器)의 전통

1. 시유 도기의 연혁과 특징 89
2. 시유 도기의 종류 93
3. 시유 도기의 정점, 옹기 105

글을 맺으며 146
참고 문헌 148
도판 목록 149

I.
무유 도기의 전통 無釉陶器

1. 한국 도기 공예의 여명기, 신석기 시대
2. 생활 용기로의 정착, 청동기 시대
3. 다양한 문명의 수용, 초기 철기 시대
4. 독자적 도기 문화의 형성, 삼국 시대
5. 도기의 새로운 도약, 남북국 시대
6. 도기의 전파와 계승, 고려 · 조선 시대

한국 도기는 크게 두 가지로 분류된다. 신석기 시대의 덧띠무늬 · 빗살무늬 토기, 청동기 시대의 무문 토기, 삼국 시대의 회색 경질 토기, 고려 · 조선 시대의 회색 토기, 근대의 푸레독에 이르는 유약을 바르지 않은 무유 도기와, 9세기 구림 도기에서 녹갈유 · 흑갈유 도기를 거쳐 적갈색의 옹기에 이르는 유약을 바른 시유 도기가 그것이다. 두 가지 전통으로 이어지는 한국 도기는 신석기 시대부터 시작하여 현대에 이르기까지 한민족의 삶 속에서 오랜 기간 계층과 지역의 구분 없이 가장 널리 가장 많이 쓰인 생활 용품이다.

도 2. 신석기 시대 토기 강원도 고성 문암리 출토, 국립문화재연구소

1. 한국 도기 공예의 여명기, 신석기 시대

한국 신석기 시대 유적들은 세계 인류 문명의 발상지가 그러하듯이 정착과 이동에 편리하며 생활에 풍요를 제공하는 넓은 강변 또는 해안가에 형성되어 있다. 바닷길이 이어지는 동해안의 함경북도 서포항, 강원도 오산리, 남해안의 경상남도 동삼동 · 연대도 · 상노대도 · 송도, 서해안의 전라남도 흑산도 · 계화도, 평안북도 당산 등지의 바닷가와, 한반도 내륙으로 연결하는 한강 · 금강 · 낙동강 · 대동강 · 두만강 · 압록강 등의 큰 강줄기를 끼고 있는 강가에는 신석기 시대 사람들의 집자리가 분포되어 있는데 이곳에서 출토된 토기에서 신석기 시대 한국 도기의 특성과 한국 역사의 기원을 찾아볼 수 있다(도 2).

한국 도기 공예의 여명기인 신석기 시대의 일상 생활용 도기에는 크게 두 종류가 있다. 하나는 그릇의 밑바닥이 편평하며 그릇 표면에 주로 흙띠를 덧붙여서 장식하는 덧띠무늬 토기이다. 이와 같은 유형은 시베리아, 중국 동북부, 일본 규슈 지방 일대에서 함께 나타나는 것으로, 한반도에서는 동해안을 끼고 있는 동부와 동남부 지역에 분포되어 있다. 덧띠무늬 토기는 입이 넓은 큰 사발 형태와 작은 단지류가 많은데 그릇의 측면선이 곡선으로 둥글고 풍만한 양감을 지니고 있으며 점차 구연부에 장식이 집중된다(도 3). 그릇 형태나 눌러 붙이는 덧띠무늬 장식 기법은 한국의 전통 도기인 근 · 현대의 옹기에까지 계승된다. 남한에서 이 덧띠무늬 토기의 대표적인 유적으로는 기원전 6,000~5,000년대 강원도 양양군 오산

도 3. 덧띠무늬 토기 강원도 고성 문암리 출토, 국립문화재연구소

도 4. 빗살무늬 토기 서울 암사동 출토, 국립중앙박물관

리 신석기 시대 사람들의 집터가 있다.

다른 하나는 덧띠무늬 토기를 이어서 바로 등장하는 빗살무늬 토기이다. 빗살무늬 토기는 푸른 한강 줄기를 끼고 있는 서울 암사동, 경기도 미사리의 신석기 시대 집터에서 출토되면서 그 예술성이 부각되기 시작하였다. 바닥이 뾰족한 원추형이어서 부드러운 모래층에 꽂거나 받침대를 사용하여야 세울 수 있는 형태이다(도 4). 측면선이 거의 직선으로 뻗어나가는 세련된 형태이면서 표면에는 기하학적인 선 무늬를 새겨서 장식하

도 5. 양양 오산리 신석기 시대 집터

도 6. 하남 미사리 신석기 시대 유적 발굴 현장

였기에 그 문양의 구성과 배치에서 놀라울 만치 현대적인 미감과 상통하는 세련된 아름다움을 볼 수 있다. 빗살무늬 토기에는 앞선 시대의 덧띠무늬 토기보다 고운 태토가 사용되었고 기벽도 얇아 한층 발전된 기술을 보여준다. 일정한 간격으로 빗금을 새긴 것이 특징이어서 빗살이라고 표현하는 무늬는 그 상징성이 확실하게 규명되지 않았으나 햇살을 상징하는 것으로 보기도 한다. 고대 신앙인 태양신의 숭배 의식에서 햇살의 상징인 빗살무늬 토기가 제례용으로 쓰였을 가능성도 높다.

한국 신석기 시대를 대표하는 덧띠무늬 토기와 빗살무늬 토기들은 오늘날 중국의 동북부가 되는 섬서성 · 하북성 · 요령성 · 산서성 · 산동성 일대의 아시아 대륙 문명과도 문화 교류가 활발하였음을 보여주지만 중국의 채문 토기, 일본의 죠몽 도기와 달리 장식성이 없는 담백하고 단순한 미감이 특징이다. 한국민의 정서와 미감이 나타나기 시작하는 선사 시대 토기는 한국민의 생활사뿐만 아니라 우리 민족의 활동 영역과 교류 영역의 범위를 설명해 주는 자료이기도 하다(도 5, 6).

도 7. 무문 토기 항아리 청동기 시대, 부여 송국리 출토, 국립중앙박물관

2. 생활 용기로의 정착, 청동기 시대

무문 토기

기원전 1,000년에서 기원 원년에 이르는 청동기 시대는 역사상으로 고조선 후기의 열국 시대에 해당한다. 청동기 시대 사람들은 물길을 끼고 있는 토질이 좋은 구릉에 모여 살았다. 그들이 살던 집자리에서 출토되는 토기는 모래가 많이 섞인 점토로 만든 무문 토기(無紋土器)인데 신석기 시대 토기보다 풍만한 측면 곡선이 유려하여 아름답다. 무늬 없는 토기 표면은 부드러운 손길이 간 자국만으로도 은은한 장식 효과를 내어 현대인에게도 수공예가 빚어내는 자연미가 소박한 감흥을 불러일으킨다. 아무런 장식이 없는 붉은 무문 토기는 한국의 청동기 시대를 대표하는 도기 공예이다.

석영질의 흰 모래가 섞인 자연 상태의 점토를 그대로 사용하여 800~900℃의 온도로 소성한 붉은 색의 소박한 무문 토기들 가운데 완만한 곡선의 항아리들은 남한강 유역 여주 흔암리, 금강 유역 부여 송국리, 울주 검단 등 한반도 전역에서 우리 민족의 생활 용기로 자리 잡았다(도 7).

배가 둥글고 바닥이 편평한 이 둥근 토기의 형태는 음식물을 저장하기에 좋았던 흙구덩이의 형태와 기능을 응용한 듯한데, 그 연원이 가깝게는 중국 앙소(仰韶) 문화 서왕촌(西王村) 유적 토기, 멀게는 메소포타미아의 토기와 이집트 나카다에서 출토된 인물무늬 채문 토기 항아리까지 거슬러 올라가는 것이 일반적이다.

도 8. 홍도 청동기 시대, 이화여자대학교박물관

무문 토기는 표면 장식보다 선명하게 밝은 붉은 흙색이 굳은 땅의 재현과도 같아 감촉은 거칠지만 느낌은 흙의 기운이 그대로 살아 있는 듯이 부드럽고 포근하여 독특한 아름다움을 지닌다. 중국의 신석기 시대나 청동기 시대 초기의 토기들이 표면이 건조하고 장식적인 데 비하여 고조선 시기에 해당하는 한국의 청동기 시대 토기들은 저장 용기로서의 기능을 중시하였기에 장식성이 배제된 단순함이 실용에 필요한 부분만을 강조한 합리성과 결합되어 한국적인 미감을 이루었다. 이 같은 특성은 한국 도기의 중요한 전통이 된다.

색을 입힌 도기 : 홍도 · 흑도(紅陶 · 黑陶)

주로 일상 생활에 필요한 음식기, 식품 저장 및 조리 용기로 사용되던 토기는 그 쓰임새가 제례 · 의례 용기로 확대되기 시작하였고 장례의 부장 용기로도 많이 사용되었다. 쓰임새가 의식 용기로 확대됨에 따라 토기의 형태도 다양해지고 표면의 장식 기법도 여러 가지로 개발되어 갔다. 의식 용기의 표면 장식 기법으로는 토기 표면에 붉은 산화철이나 검은 흑연을 바른 것과, 환원소성으로 그을음을 먹인 후에 표면을 대칼이나 돌조각으로 문질러 은은한 광택을 내는 방법으로 매끄럽고 아름답게 처리한 것이 있다. 즉 산화철을 바른 붉은 홍도와 검은 그을음을 바른 흑도이다.

홍도는 멀리 중앙아시아와 기원전 5,000년대 중국 요령성 우하량(牛河梁) 유적으로부터 한반도 내의 청동기 시대 유적에서 나타나는데 낙동강 하류 일대와 서부 경남 지역에서 집중적으로 출토된다(도 8). 흑도는 기원전 3,000년대 아나토리아 지방에서 시작되나 중국의 용산 문화, 앙소 문화지 유적과 청동기 시대에 중국 요녕성 일대와 한반도 송화강 일대에서

도 9. 흑도 청동기 시대~초기 철기 시대, 국립중앙박물관

요녕식 동검, 한국식 동검과 함께 출토되고 있다. 고조선을 계승한 고구려와 고구려의 한 갈래인 백제 영역에서도 표면이 검은 흑도 항아리는 꾸준히 만들어졌다.

홍도와 흑도는 일상 용기인 무문 토기보다 고운 흙을 사용하였고 얇고 가벼우며 표면 장식의 제작 공정이 더 추가된 고급 토기이다. 용도에 있어서도 일상 생활 용기로보다는 부장품이나 의식 용기로 쓰였던 것으로 추정된다. 토기 표면 전체에 안료를 바른다는 새로운 기술과 개념은 후대에 유약을 바르는 고급 도기 기술 개발의 연원이 되기도 한다. 특히 청동기 시대 흑도 가운데 목 긴 항아리는 세련된 형태와 균형 잡힌 비례감으로 그 조형적 아름다움이 돋보인다(도 9).

도 10. 순천 대곡리 집터의 토기 초기 철기 시대, 국립중앙박물관

3. 다양한 문명의 수용, 초기 철기 시대

대륙으로부터 철기를 들여오기 시작한 초기 철기 시대(B.C. 1세기~A.D. 1-2세기)는 고대 왕국이 태동하는 시기로서 토기의 제작 기술에 일대 혁신을 가져와 토기의 생산량이 급증하였다. 이때의 유적 가운데에는 바닷길을 끼고 있는 패총이 있는데 패총에서 출토되는 토기를 통하여 중국 · 일본과의 문화 교류 역사 등 여러 양상을 알게 된다. 서남해안의 전라남도 해남 군곡리 패총, 남해의 경상남도 늑도 등에서 출토된 토기들을 보면 청동기 시대에서 이어진 무문 토기 계통과 함께 새로운 도기 제작 기술인 환원염으로 소성한 회색 경질 도기(灰色硬質陶器)가 나타나기 시작한다.*

무문 토기에는 유려한 형태의 선을 가진 물방울 모양의 몸체가 긴 항아리, 손으로 빚은 사발형 보시기, 주구와 손잡이가 달린 그릇, 뿔잔 모양의 토기 · 받침대 등 새로운 형태가 등장한다(도 10). 이러한 토기들에서는 원시 미술에서와 같은 힘과 해학을 느낄 수 있으며, 다양한 음식기들을 통해 여러 가지 일상 생활에 필요한 용기를 토기로 만들어 가는 생활 문화의 발전상을 볼 수 있게 된다.

* 요업공학적으로는 소성 온도와 태토의 소결 상태에 따라서 토기와 도기의 두 종류로 나눌 수 있다. 토기는 소성 온도가 800~900℃ 정도로 표면이 부드럽고 흡수율이 높은 것이고, 도기는 소성 온도가 1000℃가 넘는 고온 소성으로 태토가 단단하게 소결되었고 흡수율이 적은 것이다. 지금까지는 유약을 바르지 않은 그릇을 토기로 총칭하였으나 이 책에서는 토기와 도기를 구분하여 기술하였다.

도 11. 와질 토기 오리 초기 철기 시대, 울산 중대리 고분 출토, 창원대학교박물관

회색 경질 도기에는 남해안과 인접한 지역에서 발견되는 중앙아시아의 도기 형태를 닮은 주머니 모양 단지, 쇠뿔 손잡이 토기, 높은 받침이 붙은 화로 모양 토기, 굽 달린 높은 목 긴 항아리, 계란 모양 토기 항아리 등 새로운 형태가 등장하는데, 이는 다양한 문명이 한반도에 유입되었음을 증거하는 것이다. 그 가운데는 실물 크기의 큰 오리도 있어서 조형성이 뛰어난 작품 세계를 보여 주기도 한다(도 11). 이 시기의 다양한 토기들은 고대 왕국인 가야 · 신라 도기의 모체가 되고, 3세기경부터는 환원염으로 소성하는 회색의 단단한 도기들이 낙동강변의 김해를 중심으로 생산이 확대되기 시작하면서 한국 도기 역사의 새로운 지평을 열어 가게 된다.

도 12. 백제의 그릇받침 백제 5~6세기, 국립중앙박물관

4. 독자적 도기 문화의 형성, 삼국 시대

한반도는 대륙과 연결되는 지정학적 이점과 풍요로운 자연 환경으로 인해 대륙 이주민의 유입과 교류가 빈번하였다. 이 같은 지리적 · 역사적 특성은 고대 왕국의 옛 무덤에서 출토된 여러 가지 도기에서도 드러난다. 백제 토기 계통에서는 흙물을 입혀 표면이 부드러운 풍만한 단지들, 신라 · 가야의 김해 토기 계통의 두드려 찍은 무늬가 있는 흑회색의 경질 도기, 일본과의 문화 교류를 보여주는 가야의 구멍 뚫린 단지 등 여러 가지 도기 종류가 공존하여 당시 문화의 구성 요소가 지역별로 다양하였음을 알 수 있으며 본격적인 요업이 시작되었음을 알려 준다(도 12).

이들 토기의 표면에 나타난 여러 장식 요소는 후대의 자기 제작에 계승 · 발전되어 흙물을 표면에 입히는 기법은 분청 사기의 분장 기법으로, 두드려 찍는 무늬는 인화문(印花文)으로 나타난다. 고대 왕국의 옛 무덤에서 나온 토기들은 그 질과 표면 정리 기법이 다양하지만 모두 풍만한 외형 곡선을 공통적으로 지니고 있으며 엄선된 점토를 사용하여 표면이 곱고 도기의 소성 상태는 단단한 경질이다. 경질 도기의 발전은 고대 국가의 문물의 교역과 유통에 획기적인 발전을 가져온다. 또한 거대한 옹관을 제작할 만큼 도기 소성 가마의 열 관리 기술이 일찍부터 발달되어 한반도 고대 왕국인 신라 · 가야 · 백제의 토기 제작 기술은 바다 건너 일본으로 전수되어 일본 스에끼 토기의 모태가 되기도 하였다. 토기 제작은 당시로서는 첨단 산업 기술이었으므로 기술의 이전과 정착에 따라 각 지

도 13. 옹관 마한 5세기, 무안 구성리 출토, 목포대학교박물관

역에서 새로운 독자적인 도기 문화가 조성되기도 하였다.

마한의 거대한 항아리, 옹관

고대 왕국의 도기 전통 가운데 가장 독특하고 경이로운 것이 옹관이다. 입이 넓은 큰 도기 항아리에 시신을 넣어 매장하는 옹관묘 장례 풍습은 멀리 메소포타미아 유적에서 시작되어 물길을 따라 유라시아 대륙 전체에 분포되었는데 한민족 문화권에서는 신석기 시대에 중국 요하를 낀 요녕성 일대에, 청동기 시대에는 한국 서남해안 지역 강 유역에 집중 분포되었다. 우리나라에서 발굴된 청동기 시대(고조선) 옹관은 붉은 토기 항아리를 세워서 묻고 납작한 돌로 뚜껑을 덮는 형식이었다가 철기 시대(삼한)에 이르면 두 개의 항아리를 맞대어 옆으로 뉘여 매장하는 형식으로 변화된다.

3세기경부터 5세기경 말까지 한반도 서남해안 지방과 영산강 유역에서는 길이 1m 이상 되는 거대한 독을 맞물려 놓는 대형 옹관 매장 풍습으로 발전하는데, 이들 대형 옹관을 사용한 고분은 봉토의 크기가 직경 30m 이상, 높이 5m에 이르는 거대한 규모이다. 옹관 문화의 역사는 여러 유적지에서 옹관이 발굴되면서부터 일반에게도 알려지게 되었다. 1960년에 국립박물관이 나주 반남(羅州 潘南)과 인접한 영암군 시종면의 내동리 고분에서 총 길이 3m, 직경 1m, 무게 0.5톤의 대형 옹관을 발굴하면서 옹관의 존재가 새롭게 인식되었고, 이후 1980년대 영암 와우리 · 옥야리 · 태간리 등의 대형 옹관의 발굴 조사, 1998년 나주 복암리 고분 발굴 조사에서 30여 개의 옹관이 발굴되면서 옹관으로 대표되는 큰 독 짓는 도기 제작 기술의 실체가 알려지게 되었다(도 13).

총 길이 3m에 이르는 거대한 도기 항아리 옹관은 흙 · 불 · 물의 조합으로 두께가 일정하면서도 유려한 곡선을 이루는 뛰어난 기술로서 당시 사회의 경제 · 예술의 발전상을 가늠할 수 있는 자료가 된다. 옹관에서 보이는 흙판을 두드려 가며 쌓아 올리는 성형 방법과 손가락 마디로 눌러 찍은 무늬, 삼각선문대의 인화 장식 기법은 현대의 옹기에까지 전승되어 있고, 근대까지도 존속된 독에 어린아이 시신을 매장하는 장례 방법은 고대 옹관의 유습으로 볼 수 있다. 대지에서 흙기둥이 솟아오른 듯 완만한 곡선의 항아리 형태는 실제보다 더 큰 압도감을 주기도 하는데 이러한 시각적인 느낌을 통해 산 자에게는 옹관 자체가 경외의 대상이 되기도 하였을 것이다. 반대로 가슴에 안을 수 있는 크기의 작은 옹관은 강보에 싸인 아기처럼 시신이 보호받는 안도감을 느낄 정도로 포근하기도 하다.

도 14. 영암 옥야리 옹관 출토 상황 목포대학교박물관 발굴 조사

거대한 옹관묘의 역사는 기원후 6세기를 즈음하여 막을 내렸으나, 시신을 담는 관으로서 효과적인 기능을 가진 옹관이 현재까지 우리 민족의 식품 저장 용기로 자리 잡고 있는 옹기 항아리로 그 맥을 이어가고 있는 것을 보면 한국인들은 도기의 탁월한 저장 기능을 일찍부터 인지하고 사용하였음을 알 수 있다(도 14).

백제 · 신라 · 가야의 회색 경질 도기

고구려 · 백제 · 신라 · 가야 · 마한 등의 고대 국가들이 각자 독자적인 영역과 문화를 형성해 가는 기원후 3세기경에는 한국의 토기 생산 기술이 일대 변혁을 이루어 반지하식 굴 가마에서 1,100℃가 넘는 높은 온도로 소성하는 단단한 회색 경질 도기의 생산이 더욱 활발해진다.

백제 · 신라 · 가야의 옛 고분에서 대량 출토되는 회색 경질 도기 항아리들은 고분 부장용으로뿐만 아니라 저장용 · 운반용 · 의례용 · 식기용 등 다양한 용도로 쓰였는데, 도기 전문 생산지에서 특정한 관리 체제 하에서 대량 생산되었기 때문에 형태와 규격이 정형화되어 있고 그 질이 균등하다. 그러나 도기의 형태에 있어서는 가야와 신라 그리고 백제가 서로 다르게 형성된다. 즉 가야 · 신라 도기 항아리는 바닥이 둥글고 입이 넓게 벌어진 것으로 중앙아시아와 인도 북부 사막 지대의 토기 형태를 닮아 있다. 도기의 질은 고운 태토를 사용하여 고온 소성하였기에 지금의 옹기만큼 단단하며 흡수율이 0에 가깝다. 『삼국사기』에 기록되어 있는 신라 사람들의 저장 발효 식품인 술 · 간장 · 젓갈 등의 갈무리에도 이 경질 도기를 많이 사용하였을 것이다(도 15).

경주 일대의 고분에서 출토되는 높이 1m에 이르는 대형 도기 항아리

도 15. 밑 둥근 항아리 백제 · 신라 5~6세기, 이화여자대학교박물관

등과 크고 작은 도기 항아리의 발달은 당시 많은 물자의 운송을 가능케 하여 지역간의 경제와 문화의 교류 · 유통에 지대한 역할을 함으로써 고대 국가의 지역 경제 발전에도 기여하게 된다.

백제 · 신라 · 가야 · 마한의 많은 고분에서 출토되는 경질 도기 중에는 높이 20~30cm 내외의 목이 짧으면서 바닥이 편평한 작은 단지 종류가 있다. 이들 도기 단지들은 신라 · 가야 · 백제에서 모두 함께 만들었는데 현대의 옹기 단지와도 그 형태와 크기가 닮아 있다.

단지 어깨 부분에 줄무늬, 물결무늬, 몸체에 고사리무늬, 단추 모양 등이 세련된 디자인으로 장식된 것도 있다(도 16). 이와 같은 장식 기법과 문양은 근대의 옹기에 되살아나기도 한다. 가야의 작은 단지에는 고배와 같은 높은 굽다리가 붙어 있는데 굽다리만 없으면 옹기의 작은 단지와 같은 풍만한 모양이다. 이 작은 항아리들은 이후 토기 · 도기 · 자기로도 지속적으로 만들어져서 유형상으로 도기 가운데에 가장 많은 비중을 차지한다.

또한 삼국 시대 도기 가운데에는 경질 도기에 녹색 유약이 자연스럽게 덮인 도기가 많다. 그 녹색 유약은 도기 소성 중 가마 내에서 연료로 쓰인 나무재가 소성 중인 도기에 앉아 고온에 녹아내린 결과 만들어진 것이다. 자연유가 두텁게 흘러내린 도기는 백제 유역 출토 도기에도 많았고, 남북국 시대까지 이어져 8~9세기 경주 부근의 월성군 화곡리 도기 가마터에서는 짙은 녹색의 자연유가 두텁게 엎혀 있는 도기 파편이 대량 출토된다. 이곳의 자연유 도기는 반짝이는 녹색 유약의 효과를 얻기 위하여 소성 방법이 개발되었던 것이 아닌가 추정될 만큼 두터운 자연유가 덮여 인공 시유 같은 효과를 보이고 있다(도 17).

도 16. 작은 단지 신라 · 남북국 시대 신라 5~8세기, 이화여자대학교박물관

도 17. 자연유가 흐르는 도기 단지 백제 · 남북국 시대 신라 5~8세기, 이화여자대학교박물관

도 18. 가야의 옛무덤 합천 옥전 고분, 경상대학교박물관 발굴 조사

저승길에 동반하는 여러 가지 모양의 가야 도기

대륙 문화와 해양 문화의 두 가지 특성이 결합되어 한반도 남부에 정착한 가야는 고구려 · 백제 · 신라 등 주변 왕국들 중에 도기 제작 기술이 가장 우수하였다. 발달된 철기 문화로 경제적인 부를 쌓았던 가야 사람들은 가장 다양한 도기를 제작하여 죽은 사람을 애도하여 저승길 동반용으로 많은 도기를 무덤에 넣어 주었다. 김해 · 고령 · 함안 · 현풍 · 성주 · 울주 등지에 남아 있는 기원후 4~5세기의 옛 가야 무덤에서는 높은 굽다리가 달린 고배, 목 긴 항아리 · 단지 등 많은 도기가 출토되었다(도 18). 이 가운데에 가장 이채로운 것은 오리 모양, 수레 모양, 집 모양, 배 모양 등의 도기들로, 사물의 비례감이 안정되고 아름다워서 가야 왕국의 높은 문화 수준을 엿볼 수 있다.

동그란 눈을 반짝 들고 머리를 치켜든 오리의 두 귀에 달린 귀걸이가 지금도 찰랑찰랑 소리를 내는 도기 제작 기술의 우수성, 그리고 조각 예술과 공예의 한계를 무너뜨린 듯한 조각과 용기의 접목이라고 볼 수 있는 그 조형에는 세계인이 공감하는 예술성이 깃들어 있다. 완벽한 구조를 그대로 들여다볼 수 있는 작은 도기배에서는 바닷길의 물 가르는 소리가 들리고, 수레바퀴 돌아가는 소리, 작은 집의 창에서 들려오는 다정한 이야기 소리가 들리는 듯하다. 이렇게 소리가 있고 풍경이 있는 가야의 도기들은 고대 왕국 도기 공예의 정수라고도 할 수 있다(도 19, 20, 21, 22, 23). 죽은 자에 대한 진혼의 의미보다 저승으로 가는 먼 여행길의 평안함을 배려하는 따스한 마음이 깃들어 있기에 여러 가지 형상의 도기들에서는 가야 사람의 솜씨가 빚어내는 즐거움과 웃음을 느끼게 된다.

도 19. 가야 도기의 여러 가지 가야 5~6세기, 이화여자대학교박물관

도 20. 오리 모양 도기 가야 5~6세기, 이화여자대학교박물관

도 21. 배 모양 도기 가야 5~6세기, 이화여자대학교박물관

도 22. 수레 모양 도기 가야 5~6세기, 이화여자대학교박물관

도 23. 집 모양 도기 가야 5~6세기, 이화여자대학교박물관

도 24. 고구려 고분 벽화 안악3호분

도 25. 고구려 도기 시루
구리시 아차산성 출토, 서울대학교박물관

옹기 형태의 시원 : 고구려 도기

옛 고조선의 영역을 회복하고 계승한 고구려는 700여 년간 우리 역사에서 가장 넓은 영토를 소유하였다. 아시아의 넓은 대륙을 활발하게 오가던 유목민 문화와 농경 정착민 문화가 혼합된 독창적인 문화를 꽃피웠던 고구려는 이동과 정착 생활에 편리한 여러 가지 도기를 개발하였다.

고구려 도기는 중국의 요동 지방으로부터 한반도 한강 유역에 걸치는 넓은 고구려 영역에서 출토되고 있다. 또한 고구려 사람들의 생활 양상을 그린 고분 벽화에도 그 형태를 남기고 있으며(도 24), 최근 한강 이북의 고구려 군사 요새인 구리시의 아차산성과 서울 구의동 유적에서 생활용기로 쓰인 고구려 도기가 출토되면서 남한에서도 고구려 도기의 규모와 특징을 접할 수 있다(도 25). 특히 구의동과 아차산성에서 출토된 고구려 도기들의 기본적인 기형 조합은 요즈음 장독대에 놓여져 있는 시루 · 물항아리 · 젓독 · 물동이 · 장독 뚜껑들과 형태가 거의 같고 종류도 유사하여 고구려 도기 문화가 한반도에 전승되고 있음을 증명하는 실증자료가 된다.

입 넓은 큰 항아리와 동이에는 넓은 띠 손잡이를 붙여 놓은 것이 특징인데 운반에 용이하도록 한 설계이다(도 26, 26-1). 특히 양옆에 넓은 띠 손잡이가 옆으로 달린 동이는 그 형태가 발해에도 그대로 계승되고, 고려 시대를 거쳐 현대의 옹기에까지 이어지고 있다. 삼국 시대의 다양한 도기 가운데 고구려 도기 항아리의 형태와 종류는 무엇보다도 근대 옹기에 가장 강하게 반영되어 있으므로 현재 한국 옹기 형태의 시원은 고구려 도기라고 할 수 있다.

도 26. 고구려 도기 동이 고구려 6세기, 서울 구의동 출토, 서울대학교박물관

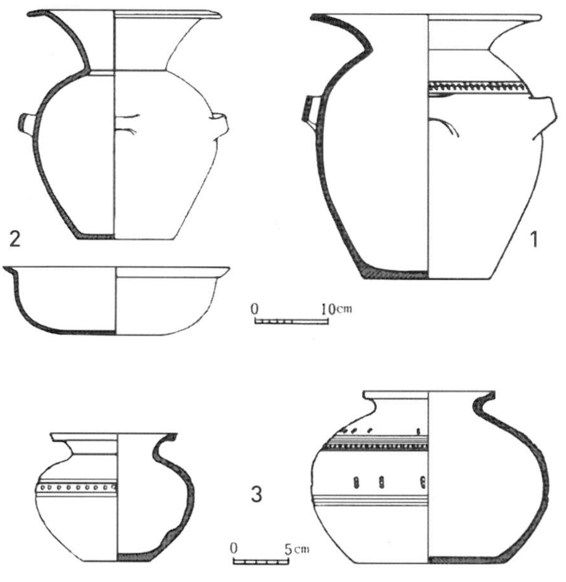

도 26-1. 고구려 도기 실측도 고구려 6세기, 서울 구의동 출토, 서울대학교박물관

도 27. 발해 도기
러시아 니콜라이에프카 출토

도 28. 발해의 말갈식 도기 연해주 아브라크프카 출토, 러시아 극동대학 고고학연구소

고구려 도기를 계승한 발해의 도기

옛 고구려 땅에 고구려 유민이 세운 발해는 생활 문화도 고구려를 계승하였기에 발해 유적에서 출토되고 있는 발해 도기는 고구려 도기와 거의 같다. 고구려 도기와 똑같은 손잡이가 양쪽에 붙어 있는 동이는 중국 길림성 일대의 발해 유적, 러시아 연해주의 발해 성터(니콜라이에프카)에서 출토된 바 있다(도 27).

발해에서는 831년에 당나라에 도기를 수출하였다는 기록이 『고금도서집성(古今圖書集成)』 제212책에 있는데 "자색 자배기는 크기가 반섬들이나 되며 색깔은 순자색이며 두께는 한 치가 넘지만 무게는 새털과 같다"고 하였다. 이 내용을 보면 발해의 도기 중에는 지금의 옹기와 유사한 크기와 빛깔의 도기가 있었던 듯하다.

발해는 고구려 유민이 지배 계층이고 말갈인들이 피지배 계층이어서 여러 북방 문화가 혼합되어 있다. 연해주에 있는 발해의 성터에서는 표면을 검게 마연한 고구려식 토기와 함께 원통형에 입술이 벌어진 청동기 시대 무문 토기와 같은 말갈 토기(도 28)도 함께 출토되었는데, 그 당시 다민족 국가의 상태가 이렇게 일상 생활 토기를 통해서도 설명될 수 있다.

도 29. 이형 도기 병 남북국 시대 신라 7~8세기, 이화여자대학교박물관

5. 도기의 새로운 도약, 남북국 시대

남북국 시대 신라(668~935)는 당(618~907)과의 연합군으로 한반도 서남부의 백제를 통합하고 북쪽 고구려 강역의 일부를 차지함으로써 중국과의 교섭이 활발하던 백제와 고구려의 발달된 문물을 혼합하고 물밀듯 밀려온 중국 당나라의 영향으로 더욱 다양한 문화를 꽃피우게 된다.

도기에도 고구려 · 백제 · 가야 · 신라의 요소가 통합된 여러 가지 형태에 당나라의 발달된 기술이 더해짐으로써 크게 변화가 일어난다. 특히 흥덕왕 3년(828) 청해진을 설치하여 중국 · 일본과의 교역을 활발하게 펼치던 장보고의 활동으로 선진 기술인 중국의 자기가 대량으로 신라에 유입되면서 도기에 고화도 유약을 입히는 기술 혁신을 촉발하였고, 신라의 해상 활동이 활발하게 전개됨에 따라 해상 운송, 해상 생활에 편리한 병 · 항아리의 제작이 늘어나고, 새로운 기형이 출현하는 등 도기의 생산과 개발이 활성화된다(도 29, 30).

남북국 시대 신라는 북쪽에 고구려를 계승한 발해와 남북으로 대치하고 있는 형국이었으므로 이 시기의 신라 도기는 중국 북방의 도기나 고구려의 도기 문화 요소보다는 서남해안의 대 중국 항로가 확보되면서 들어온 중국 남방의 도기와 한반도 서남부의 백제 도기 문화 요소가 강하게 반영되어 있는 것이 특징이다. 또한 삼국 시대 도기 문화가 남북국 시대의 신라에 들어와서는 삼국의 통합적인 양상과 함께 경제의 발전으로 새로운 기능과 형태로 발전하게 된다. 이에 따라 일상 생활 용기로 쓰이는

도 30. 뚜껑이 있는 작은 기름병 남북국 시대 신라 7~8세기, 이화여자대학교박물관

도기의 생산과 활용도 더욱 확대되기 시작하여 한반도 내에서 한국적인 도기의 특성과 형태가 서서히 형성되기 시작한다. 남북국 시대 신라 도기의 유형은 도기 질(陶器質)과 쓰임새에 따라 세 가지 유형으로 나누어 볼 수 있다.

도기의 질(質)에 있어서는 1,000℃가 넘는 고화도에서 소성한 회색 경질 도기와 가열 용기로 사용할 수 있는 700~900℃ 저화도 소성의 연질 도기, 도기 표면의 장식 효과와 함께 물이 새지 않도록 유약을 입힌 시유 도기 등 세 가지가 있다. 삼국 시대와 마찬가지로 식품과 물품의 저장·운송 용기로 회색 경질 도기가 많이 생산되었는데, 7~8세기에는 경주 일원에서 고구려·백제의 저화도 시유 도기의 영향으로 연유(鉛釉) 계통 유약 도기의 생산이 활발해져서 문양전·귀면와 등 특수 기와와 골호·병 등 의례 용기에 녹유·녹갈유 저화도 유약이 입혀진 도기도 많았다.

한편으로 당과의 교역로가 열려 있던 서남해안 영암 구림리의 대규모 도기 제작장에서는 당시의 도성 경주보다 앞선 도기 제작 기술이 개발되어 중국의 고화도 자기와 같은 알카리 계통의 고화도 유약을 입힌 고화도 시유 도기가 생산된다. 이로 인하여 남북국 시대 신라 도기의 질은 더욱 다양하게 전개되었다. 도기 질에 따른 8~9세기 신라의 도기 종류를 요약하면 다음과 같다.

무유 도기(無釉陶器) – 회색 경질 도기 : 저장 용기
　　　　　　　　　　– 연회색 연질 도기 : 가열 용기
시유 도기(施釉陶器) – 연유계 저화도 유약 도기 : 녹유, 삼채 등
　　　　　　　　　　– 알카리계 고화도 유약 도기 : 구림 도기

쓰임새는 삼국 시대와 마찬가지로 부장 용기와 일상 생활 용기로 쓰였으나 장례 의식이 매장에서 화장으로 변화함에 따라 화장 후 뼈를 보관하는 납골용 골호가 등장하게 되고, 일상 생활 식기로도 도기의 발 · 접시의 생산이 증가하여 쓰임새에 따라 기형과 종류가 아래와 같이 다양해진다.

부장용 도기

7세기경부터는 신라가 백제와 고구려의 강역 일부를 통합하면서 묘제도 고구려 · 백제의 영향을 받은 횡혈식 석실분이 많아지고 부장품 매장 방법도 목곽 적석분에서 석실분으로 바뀜에 따라 그 부장용 도기의 수량과 형태도 달라지게 된다.

남북국 시대 신라의 횡혈식 석실분은 삼국 시대 신라의 목곽 적석분보다 부장용 도기의 수량이 많지 않고 학술적인 발굴 조사 예도 적어 이 시기의 부장용 도기의 체계적 변천이나 특성 파악이 쉽지 않다. 그러나 경주 일대에서 조사된 충효동(忠孝洞) · 쌍상총(雙床塚) · 마총(馬塚) · 서악동(西岳洞) · 장산(獐山) · 황성동(皇城洞) 등 20여 개의 고분에서 출토된 도기를 중심으로 남북국 시대 신라의 부장용 도기와 종류가 파악된다.

이 석실분에서 출토된 도기들은 고배 · 장경호 · 합 · 대접 등으로 대부분이 남북국 시대 신라 초기인 7세기에서 8세기 초에 이르는 것이다. 이 시기의 대표적인 부장용 도기의 형태적 특징을 요약하면 다음과 같다.

고배(高杯)

삼국 시대 신라 · 가야 고분에서 수십 개씩 다량으로 출토되는 고배는 7세기 후반 남북국 시대 신라 초기에 와서도 부장 용기로 계속 사용되지

도 31. 고배 남북국 시대 신라 7~8세기, 국립김해박물관

만 삼국 시대 고배와는 그 형태가 다르다. 즉 삼국 시대 고배는 다리가 높고 다리에 뚫린 사각형 투창이 큰 반면에 7~8세기의 경주 일원에서 출토된 고배는 다리가 낮고 다리의 투창이 작아지거나 작은 원공이 하나 뚫려 있기도 하다. 또 뚜껑이 없는 형태가 많아지며 도기의 두께가 두꺼워지고 전체적인 비례도 둔탁해지는 특징을 보인다(도 31).

장경호(長頸壺)

장경호는 7~8세기 신라 고분에서는 출토되는 예가 현격하게 줄어드는 종류이다. 이 시기의 장경호는 목이 길고 받침대가 높은 삼국 시대의 것

도 32. 장경호 남북국 시대 신라 8세기, 이화여자대학교박물관

에 비하여 목이 짧아지고 받침대도 낮아져서 당나라 도자기 항아리의 곱과 같은 모양으로 바뀐다. 표면 장식 문양은 삼국 시대 파상문의 유형이 잔존하기도 하지만 파상문의 변형이라고 할 수 있는 거치문이 등장하고 경주 서악 등 고분, 보문동 고분에서는 삼국 시대에서 보이지 않던 인화문이 나타나기 시작한다(도 32).

합(盒)

7~8세기 석실분에서 출토되는 새로운 기형의 하나는 합이다. 삼국 시대 고분에서 출토되지 않던 합은 그 형태도 다양하여 바리 모양, 단지 모양이 있고 뚜껑에는 보주 모양 손잡이, 잔 모양의 손잡이가 달려 있다. 장식 문양도 화려해져서 거치문 · 반원문 · 원접문 등의 인화문이 찍히고 횡

도 33. 합 남북국 시대 신라 8세기, 이화여자대학교박물관

선대가 음각이나 돌대로 장식된다. 남북국 시대의 신라의 뚜껑 있는 합의 편년은 대체로 7~8세기이다. 이는 일본의 후쿠오카현 대야성시(大野城市) 왕성산(王城山) 고분에서 경주 서악동 고분의 합과 같은 것이 출토된 일이 있는데 이를 기준으로 한 것이다(도 33).

대접

완(碗)으로 부르는 대접의 형태가 경주 충효동 고분, 장산 토우층, 울릉도 천부동 고분에서 출토되었다. 대접 역시 합과 같이 삼국 시대 고분에서는 출토되지 않는 기형으로 중국 당(618~907)의 도자기와 같은 형태이며 후대인 고려 시대 청동 대접과도 그 모양이 같다. 이 시대에 시작된 대접의 부장 전통은 이후 고려 시대에 청자 대접이 부장되는 매장 풍습으로

도 34. 인화문 도기 대접 개인 소장

도 35. 병, 편병 남북국 시대 신라 8~9세기, 이화여자대학교박물관

전승되었다(도 34).

병 · 편병

고배 · 장경호 · 합 · 대접 외에 몸체가 4면으로 된 4각 편병, 입 넓은 단지, 목 긴 병 등의 새로운 기형이 육지에서 멀리 떨어진 울릉도 천부동 고분에서 출토되었는데, 이 형태의 도기들은 경주 일대 고분에서는 나타나지 않는 것들이다.

9세기의 경주 안압지 · 산성 · 절터 등 생활 유적에서 출토되는 일상 생활 용기이다. 육지와 멀리 떨어진 섬이어서 일상 생활 용기를 무덤에 넣어준 것 같다(도 35).

장례 용기

신라에서 불교의 영향으로 화장 풍습이 시작된 것은 대체로 7세기 중엽이다. 『삼국사기』 문무왕의 장례 기록과 효성왕(737~741) · 선덕왕(780~784) · 원성왕(785~798)이 사후에 화장을 명한 기록과 현존하고 있는 유물의 양식을 보면 대체로 화장이 7세기 중엽부터 시작되어 9세기까지 지속된 것으로 추정된다. 지배 계층의 장례 풍습이 매장에서 화장으로 바뀌면서 장례 후 뼈를 담는 골호(骨壺) 매장 풍습이 성행하게 되었고 그에 따라 남북국 시대 신라에는 많은 골호가 생산되었다.

골호는 경주를 둘러싸고 있는 남산 · 선도산 · 토함산 · 명활산 · 소금강산 등 산기슭에 동반되는 부장품 없이 매장되었다. 그 때문에 부장용 도기나 일상용 도기와는 상대적 편년이 되지 않는다. 그러나 그 양식적 발달 과정과 중국 당나라의 화폐인 개원통보가 동반된 골호를 기준으로 하

도 36. 골호 남북국 시대 신라 8~9세기, 이화여자대학교박물관

여 보면 대체로 세 가지 유형의 발달 과정을 볼 수 있다.

초기에는 삼국 시대의 장경호나 단경호 등 부장용 도기를 이용한 형태에 반원문 · 원형문 · 접선문 등을 가득 찍어 특별하게 장식한 것이 출현한다. 경주 임해전 터에서 출토된 골호가 이와 같은 형태인데 674년 임해전 건립 연대를 기준으로 보면 대체로 7세기 후반으로 추정되고 있다.

8세기는 신라 불교 전성기이며 골호의 전성기이다. 이때의 골호는 대형의 합 모양, 4각형 합, 원통형 합, 꼭지 달린 뚜껑 있는 발 모양 등으로 형태가 다양하고 표면 장식으로 찍은 인화문도 화려한 꽃무늬, 구름무늬, 새 원접문 등이 장식되어 있다. 이들은 골호로 사용하기 위하여 제작된 것이어서 영락을 달거나 녹유를 입히는 등 장엄을 특별하게 한 것이 많은데 중국 당나라의 도기와 달리 섬세하고 화려하며 중앙아시아적 요소가 강한 것이 특징이다. 9세기 후반의 골호로는 중국으로부터 수입된 월주요 청자를 내호로 넣은 골호가 대표적인데, 이 시기에는 8세기의 화려한 표면 장식 골호와 달리 청동합처럼 횡선대만 돌렸을 뿐 무늬가 없고 보주형 꼭지만 있는 단순하고 둔중한 것이 특징이다.

이상과 같이 300년간이나 남북국 시대 신라에서 제작된 골호는 그 시대를 대표하는 도기 중의 하나로 당시의 제작 기술, 장식 기법 등을 통해 당시의 도기 문화 변천을 보여주는 명품을 남겼다(도 36).

일상 생활용 도기

고분 부장용이 아닌 일상 용기로 쓰인 도기는 1975년부터 실시한 경주 안압지의 발굴 조사에서 약 20,000여 점의 유물이 출토되면서 그 종류와 형태를 파악할 수 있게 되었다. 안압지 발굴 조사 이후 계속된 경주 황룡

도 37. 인화문 도기의 여러 가지 남북국 시대 신라 7~8세기, 이화여자대학교박물관

사지, 익산 미륵사지 등 대규모의 사찰과 성터 등 생활 유적에서 출토된 도기들이 발굴 조사되면서 남북국 시대 일상 생활 용기로 쓰였던 도기의 실체를 더욱 구체화할 수 있게 되었고, 또한 1986년 학술 발굴 조사로 드러나기 시작한 전라남도 영암 구림리와 충청남도 보령 진죽리 도기 가마터 조사 결과는 8~9세기에 생산된 도기의 종류와 질, 생산 규모 등 당시의 일상 생활 용기인 도기의 상황을 더욱 분명하게 알 수 있게 해주었다.

① 안압지 출토 도기

안압지는 신라가 백제와 고구려 강역 일부를 통일하고 6년 후 674년 임해전을 세우며 건설하였던 큰 연못으로서 신라가 멸망하는 935년까지 신라 왕궁의 일부로 존속하였던 곳이다. 따라서 안압지에서 출토된 도기는 바로 7~9세기 신라 왕실과 그 부속민들의 실생활용 도기의 양상을 파악할 수 있는 기본 자료가 된다(도 37). 안압지에서 출토된 도기의 대표적인 유형과 특징은 다음과 같다.

저장용 항아리

안압지에서는 저장 용기인 대형 항아리가 다량 출토되었다. 대형 항아리의 형태는 삼국 시대 신라 고분에서 출토된 큰 항아리와 같이 입이 나팔처럼 넓게 벌어지고 밑이 둥근 항아리와, 목이 길고 입은 나팔처럼 벌어졌으나 몸체가 고려 시대 매병과 같이 어깨가 둥글고 밑이 곧게 내려가면서 바닥이 평평한 항아리의 두 종류가 대표적이며, 높이 60㎝ 미만의 둥근 단지 종류가 많다. 이중에는 뿔 모양의 손잡이가 양쪽에 있는 가열 용기도 있는데 이러한 항아리는 낮은 온도에서 소성된 것이며 장식 무늬가 없다.

병

안압지 출토 도기의 가장 큰 특징은 다양한 형태의 병이 많다는 것이다. 중국 당나라의 반구형 도자기처럼 목이 길고 입이 반구형이거나 또는 입이 넓은 병에 인화문이 새겨져 있다. 자연유가 두텁게 시유되었거나 연유계의 녹유가 시유된 장식적인 도기 외에 휴대하기에 편리한 얕은 굽의 작은 병, 원통형 병과 울릉도 천부동 고분에서 출토된 것과 같은 형태의 4각 편병 등이 8~9세기에 새롭게 등장하였다.

고배

삼국 시대 신라의 도기 가운데 가장 많은 수량을 차지하였던 고배는 안압지에서 30여 점만 출토되고 있다. 안압지 고배의 형태는 7세기 말 서악리 고분 출토와 같은 형태로 삼국 시대의 고배에 비하여 굽이 낮고 둔탁하다. 뚜껑이 없는 고배는 배의 몸체가 대접과 같이 크고 깊은 것이 특징이다. 이 때의 고배는 제사 용기라기보다는 생활 용기로 변용된 것으로 보인다.

대접, 접시

안압지의 건물터 주변과 돌출된 호안 석축 주변에서 가장 많이 출토된 기형은 대접 · 접시 종류이다. 대접에는 금속기와 같이 1~2㎝의 높은 굽이 달려 있는 것과 굽이 없이 바닥이 둥근 얕은 쪽박 형태의 것이 있다.

접시도 굽이 있는 것과 밑이 둥근 것 두 가지 형태이며, 저온으로 소성한 저급품과 고온 소성을 하고 간혹 인화문은 장식하기도 한 고급품으로 구별된다. 안압지 출토품의 경우 저온 소성한 대접과 접시는 목조 건축의 도장 작업에 필요한 안료를 담아서 사용하였던 흔적을 남기고 있는 것으로 보아 작업을 위한 막접시로 사용되었던 것 같다.

이상의 안압지 출토 도기들을 보면 삼국 시대 신라 도기의 전통을 이은 장경호 · 고배 · 항아리들은 형태가 변화되면서 수량이 적어지고 중국의 도자기 대접이나 청동기 합 · 병 등의 영향을 받은 새로운 형태의 도기인 접시, 대접, 병들은 부장 용기보다는 일상 생활 용기로 확대되어 가는 현상을 보여준다.

② 절터 · 성터의 토기

일상 생활용 도기를 설명해 주는 자료에는 남북국 시대 신라의 특수 계층이던 승려와 귀족, 그리고 일반이 함께 사용하는 공공 기관과 같은 생활 공간이었던 경주 황룡사, 익산 미륵사 절터들과, 전쟁의 격전지이자 거주 공간이기도 한 성터에서 출토된 도기들도 포함된다.

경주 황룡사지, 익산 미륵사지의 대규모 발굴 조사에서 출토된 도기는 대부분이 크고 작은 저장용 항아리인데 그 형태는 왕조가 바뀌어도 크게 달라지지 않은 까닭에 남북국 시대 신라 말기와 고려의 도기가 유형별로 분류되기 어려운 점이 있다. 그러나 고려의 저장용 큰 항아리와 단지는 삼국 시대 신라의 밑 둥근 항아리와 달리 바닥이 편평한 고구려 도기 항아리 형태로 만들어졌으며 신라 도기의 표면에 장식되는 인화문은 사라져 버린다. 인화문은 경주 지역 중심의 고분에서 출토된 부장 용기나 납골용 골호 등 의례 용기를 중심으로 한 도기에 많이 장식되었고 저장용 · 운송용의 일상 생활 용기에는 장식 없는 무문 토기가 주로 쓰였던 것이다.

그러나 익산 미륵사지에서는 입이 나팔처럼 벌어진 도기 항아리의 목 부분에 고구려나 백제 도기에서 나타나던 파장이 완만한 파상문이 음각되어 있고 어깨 부분에 "大中12年"(858년) 명문이 있는 자료가 출현하였다. 이 명문 도기 항아리 파편과 함께 출토된 도기로는 대부분 높이 10㎝ 내외의 주름무늬 병과 4각 편병이 있었다. 따라서 858년이라는 명문의 출현으로 입 넓은 둥근 항아리와 4각 편병, 주름무늬 항아리로 조합되는 도기 일괄은 9세기를 대표하는 기준 자료가 되고 있다. 이 유형들은 안압지와 익산 미륵사지를 비롯하여 경주 황룡사지, 부여 정림사지, 익산 오금산성, 익산 왕궁리, 공주 공산성, 충남 목천 토성 등 경주 일원과 과거 백제 영역이었던 서해안과 연결되는 지역에서 출토된 예가 많다. 이 도기들은 절대 연대를 지닌 자료이고 고려 시대에 와서는 사라지고 변화되는 기형이기에 9세기 도기의 특징을 단적으로 설명하는 자료이기도 하다.

③ 도기 가마터의 도기

도기를 제작하던 가마터에서는 당시의 도기 소성 가마와 함께 가마 주변에 폐기되어 있는 불량품 도기 파편 퇴적이 드러난다. 이 폐기물 파편 자료는 당시 도기의 종류와 특징, 소성 방법, 제작 규모 등에 관한 많은 정보를 제공해 준다.

보령 진죽리 가마와 영암 구림리 가마는 모두 바닷길을 연하고 있는 지리적 위치와 생산된 도기의 형태와 종류, 제작장의 규모, 가마의 구조가 매우 유사하며 운용되었던 시기도 거의 동시대이다. 이들 가마에서 생산된 8~9세기의 도기는 경주 지역의 경질 도기와 같은 환원염 소성의 회색 경질 도기가 대부분이며 일상 생활에서 가열 용기로 사용할 수 있는 연질 도기 질의 자배기 종류도 생산하고 있다.

보령 진죽리 도기 가마는 입이 나팔 모양으로 벌어진 큰 항아리, 목이 짧고 입 넓은 단지, 주름무늬 작은 병, 입이 좁은 4각 편병, 1면 편병, 목 긴 병 등을 전문적으로 대량 생산하던 곳이다(도 38). 이 진죽리 도기 유

도 38. 보령 진죽리 요지 출토 도기들

형은 남북국 시대 신라 말기인 9세기 층위에서 중국의 월주요 청자와 동반 출토되는데 울릉도 천부동 고분과 경주 안압지를 비롯한 부여 정림사지, 경주 황룡사지, 익산 미륵사지 등의 도성과 사찰 경내에서 출토되며, 최근에는 익산 오금산성, 목천 토성 등 금강 유역, 해안가인 당진 부근, 한강 유역의 산성에서 출토 예가 증가하고 있다.

영암 구림리 도기 가마터에서는 보령 진죽리 도기와 기본 형태 · 종류가 같으나 다만 중국 육조 시대의 영향이 강한 형태의 작은 단지와 중국 당대(唐代)의 장사요(長沙窯) 흑갈유 도기와 같은 주구가 짧은 주전자가 생산되며, 고구려 도기처럼 넓은 띠 손잡이 동이 · 자배기 종류도 있는데 그 질은 가열할 수 있는 저온 소성의 연질 도기와 1,000℃ 이상에서 소성한 경질 도기의 두 가지가 있다.

구림 도기와 진죽리 도기의 세부적인 차이는 보령 진죽리 도기 4각 병이 입이 작고 좁은 매병 형태인 데 비해 구림 도기 병은 중국 수 · 당의 자기처럼 입이 넓은 반구형이라는 데 있다. 구림에서는 7~8세기 경주 서악리 고분에서 출토된 대접과 유사한 굽이 높고 입술이 밖으로 말린 중국 당나라의 자기 대접과 같은 형태의 도기 대접도 출토되었다. 대형 항아리는 경주 일대의 신라 도기의 밑 둥근 항아리와 달리 고구려 도기 항아리처럼 바닥이 편평한 형태이다. 이와 같은 구림 도기들은 중국의 당과 고구려 · 백제의 영향을 많이 받은 것으로, 경주 일대를 중심으로 하는 신라 도기와는 유형을 달리하는 점이 특징이다.

구림 도기가 출토되는 지역은 현재까지 장보고가 흥덕왕 3년(828)에 설치한 청해진이었던 완도 장군섬이 유일하며, 구림 도기 유형은 역시 해상 활동의 거점지인 제주도 용담에서 출토 예가 있을 뿐이다.

해상 교역 시대의 새로운 도기 병

서울 구의동의 고구려 5~6세기 유적에서 출토된 반구형 입을 가진 작은 병, 6~7세기 신라의 경주 황남동 1호분에서 출토된 3곡 병, 부여 동남리 건물지, 나주 대안리 5호분 등 7세기 백제 유적의 목 긴 병 등의 도기 병은 황해와 인접하고 있는 지역에서 드문드문 출토되다가 한반도에서 해상 활동이 활발해지는 9세기 남북국 시대 신라에 이르러 그 생산이 늘어난다.

남북국 시대 신라에서는 완도 청해진의 설치와 함께 동아시아 해상권을 확보하면서 해상을 통한 물자 교역량이 많아지고 다양해지자 액체의 운송 용기로 합리적인 병의 형태가 급격히 개발되기 시작하였다. 음료수 저장 용기, 운반 용기, 휴대용으로 몸체가 4면체인 4각 병, 주판알 모양의 작은 병 등으로 크고 작은 여러 가지 형태의 병의 생산이 늘어난다(도 39, 40). 그러나 8~9세기 4각 편병은 고려 시대에 와서는 사라지고 그와 비슷한 비례의 매병이 새롭게 등장한다. 남북국 시대 신라의 4각 병은 매병으로 변화되어 도기보다 자기로 많이 만들어졌다.

도 39. 1면 편병 남북국 시대 신라 9세기, 이화여자대학교박물관

도 40. 4각 편병 남북국 시대 신라 9세기, 이화여자대학교박물관

도 41. 고려 도기 편병 해남 진산리 요지 10~12세기, 이화여자대학교박물관

6. 도기의 전파와 계승, 고려 · 조선 시대

고려 시대

고려는 서남해안 해상 세력의 새로운 사상과 경제권을 바탕으로 고구려의 역사 계승을 표방하며 노후한 신라를 뒤엎고 건립된 국가로서, 해상 교역을 통해 대외 교섭을 활발하게 벌인 열린 국가였다. 고려 시대에는 중국으로부터 자기 제작 기술을 유입하여 우수한 고급 자기인 청자를 생산하게 되었지만 음식물을 보관하고 가열하며 운반하는 일상 생활 용기로는 여전히 도기를 많이 사용하였다. 따라서 고려 시대 유적에서는 도기의 출토량이 가장 많다.

고려 시대의 도기에 대하여는 중국 송나라 사신으로 고려에 왔던 서긍의 고려 견문기인 『선화봉사 고려도경』에도 그 기록이 있다. 서긍의 기록에 의하면 고려는 도기를 많이 사용하여 곡식과 식초 · 술 · 과일을 저장하고 물항아리로 크기가 6척에 이르는 대형 항아리를 사용했다고 한다. 실증 자료로는 경주의 황룡사지, 익산 미륵사지와 같은 대규모 사찰의 발굴 조사에서 출토된 도기 자료가 있다. 미륵사지 · 황룡사지의 발굴 조사는 고려 · 조선 시대의 실생활 용기로 쓰인 도기의 종류와 형태에 대하여 많은 자료를 제공하였다.

고려 시대에는 삼국 시대와 남북국 시대를 이어온 전통적인 입 넓은 도기 항아리, 도기 병과 편병, 편호, 작은 병 등이 계속 만들어지면서 한편으로는 청자로 만들어지던 매병, 목 긴 병이 다시 도기로 만들어지는 등 새로운 기형이 등장한다. 새롭게 등장하는 형태에는 항아리처럼 몸은 풍만하나 입이 좁은 병과 항아리의 중간 형태의 것들이 있고 양면을 누른 양면 편병이 많아지고 또 고구려 도기에서 나타난 양쪽에 손잡이가 달린 입 넓은 동이도 그 생산을 지속한다(도 41). 고려 도기 병의 표면 장식은 삼국 시대 토기의 잔물결 무늬가 한두 줄의 음각선으로 남아 단조롭게 장식되기도 하나 대부분은 장식 무늬가 없는 무문 토기이다. 도기의 질은 신라 도기보다 경도가 낮으며 고운 태토로 제작하여 흡수율이 높은 것이 대부분이다. 부장 용기로도 쓰였기에 고려 시대 민묘에서의 출토량이 많아 12~13세기의 고려 도기 병은 많이 남아 있다(도 42).

고려 도기의 제작 기술은 일본에도 영향을 주었다. 즉 13~14세기의 고려 도기에서 보이는 검은 경질의 단지 종류가 일본이 가고시마, 오키나와 일대에서 출토된다. 고려 도기의 제작 기술은 활발하였던 고려의 해상 활동을 따라 동남아시아로 나아가는 길목이 되는 오키나와 앞바다까지 가서 도기 제작 가마에 기술을 제공하고 항해를 돕고 교역에 기여한 듯하다. 고려 도기의 제작 기술로 만들어진 일본의 도기 가마터는 지금도 오키나와와 가고시마를 잇는 덕지도(德之島) 해안에 남아 있는데 이곳에서 생산된 '가무야키' 라는 도기는 고려 도기의 형태와 제작 기술을 계승한 것으로 그 형태와 질은 고려 도기와 같다. 고려 도기의 영역이 바닷길을 따라 멀리 퍼져 있었음을 증명하고 있는 새로운 자료의 하나이다.

조선 시대

고급 자기인 청자를 생산하던 고려의 뛰어난 도자기 제작 기술은 조선

도 42. 강진 삼흥리 고려 도기 가마터

도 43. 손잡이가 달린 자배기 고려 13~14세기, 개인 소장

시대에 와서도 지속되었고 도기와 자기의 결합체적인 성격인 분청 사기를 발전시키기도 한다. 15세기 말에는 국가에서 필요한 자기를 생산하기 위하여 설립한 조선의 관요에서 중국 경덕진 경질 백자의 영향 아래 순백의 백자를 생산하기에 이르러 한국 도자기 역사에서 조선 백자의 시대가 열린다. 그러나 조선 시대에도 실생활에 쓰이는 운송 · 저장 · 가열 용기로는 고려 시대와 다름없이 유약을 입히지 않은 도기가 계속 쓰였다. 『조선왕조실록』의 기록에 의하면 왕실에서 필요한 도기 항아리를 매년 제작하였다. 이는 도기가 생활 용기로 계속 쓰이고 있었다는 증거이다. 최근 조선의 태조 이성계의 행궁이었던 회암사지의 발굴 조사에서도 도기의

도 44. 16세기 도기 자배기 경기도 광주 번천리 9호 조선 백자 가마터 출토, 이화여자대학교박물관

출토가 많았다. 출토된 도기들을 참조하면 병이 줄어들고 병과 같이 입 좁은 단지와 입이 넓은 자배기가 많아지며 높이 30~40cm의 작은 단지 종류가 많음을 보게 된다(도 43). 이는 왕성한 해양 활동을 하던 고려와 달리 농경 정착적인 사회를 형성하는 조선 시대 사회 문화에 기인한 것이다. 그 때문에 조선의 도기에는 저장 용기인 항아리와 물을 담아두는 자배기 종류가 많아지게 되었다.

조선 도기의 형식과 유형에 관하여는 편년 자료가 적은 편이다. 다행히도 이화여자대학교박물관이 1999년에 발굴 조사한 16세기 중반 조선 백자 가마터인 광주 번천리 9호 백자 요지의 공방터에서 1553년이라는 절

도 45. 고기잡이 김홍도, 조선 시대, 국립중앙박물관

대 연대가 있는 백자 묘지(墓誌)와 함께 도기 자배기가 출토되었다. 출토된 자배기는 직경이 1m에 이르는 큰 자배기이어서 조선 전기 도기의 형태와 제작 기술의 높은 수준을 짐작할 수 있게 되었다(도 44).

이 도기 자배기는 기벽이 0.5cm 이내로 얇고 일정하며 소성 온도는 높아 흡수율이 적은 단단한 경질 도기이다. 형태와 크기는 현재 호남 지방 옹기 뚜껑으로도 쓰이는 대형 자배기와 유사하다. 표면의 장식 무늬는 삼국 시대 고구려 도기에서 볼 수 있는 물결무늬와 횡선대를 그대로 사용하고 있는 것으로 최근까지 우리의 장독대에 있던 유약을 입히지 않은 푸레독과 다를 바가 없어서 이 자료의 출현으로 조선 시대 전기에 해당하는 16세기의 도기는 최근의 옹기와 그 형태와 질, 장식 문양에 있어서 큰 변화가 없었음을 알게 되었다. 또한 17세기 이후의 절터와 건물지에서 파편으로 출토되는 도기 파편에는 녹갈유가 입혀진 넓적한 구연의 항아리 조각이 있는 것으로 보아 조선 시대에도 유약이 없는 도기와 함께 유약 바른 도기를 계속 사용한 것이 확실하다.

조선 도기에 관한 대표적인 기록으로는 1766년에 지은 유중임의 『증보산림경제』가 있다. 부엌에서 사용하던 그릇으로 탕기, 자배기, 큰 옹배기, 단지, 병, 큰 독, 작은 독, 화로, 시루 등을 열거하고 있는데 오늘날 장독대의 옹기들과 거의 같은 것들이다. 또한 18세기의 김홍도와 신윤복의 그림에서도 도기가 운반 용기로 일상 생활에 정착되었음을 알 수 있다(도 45). 이렇게 질그릇의 전통은 장독대의 푸레독으로 그 기술이 계승되면서 현대에까지 면면히 이어지고 있다.

Ⅱ.
시유 도기의 전통 施釉陶器

1. 시유 도기의 연혁과 특징

2. 시유 도기의 종류

3. 시유 도기의 정점, 옹기

한국의 도기 가운데에는 자기와 같이 유약을 입혔기에 자기로 분류되었던 시유 도기가 있다. 시유 도기는 모래 섞인 태토, 가마 내 재임 방법, 가마 구조, 성형 방법의 특성에서 한국 도자기 역사에서 가장 길고 강한 도기의 전통을 계승하고 있다. 제작 기술과 특징이 한국의 전통 자기인 고려 청자, 조선 백자와는 다른 도기의 전통을 따르고 있는 시유 도기는 형태에 있어서도 도기의 형태를 계승하는 것이 대부분이다.

한국의 도기 가운데에는 자기와 같이 유약을 입혔기에 자기로 분류되었던 시유 도기가 있다. 시유 도기(施釉陶器)는 모래 섞인 태토, 가마 내 재임 방법, 가마 구조, 성형 방법의 특성에 있어서 한국 도자기 역사에서 가장 길고 강한 도기의 전통을 계승하고 있다. 제작 기술과 특징이 한국의 전통 자기인 고려 청자, 조선 백자와는 다른 도기의 전통을 따르고 있는 시유 도기는 형태에 있어서도 도기의 형태를 계승하는 것이 대부분이다.

이 시유 도기의 역사는 지금까지 자기 역사 중심으로 서술된 한국 도자사에서 그 정체성이 언급되지 않았고 저급 자기로 취급되어 한국 전통 도자기로서 연구 대상이 되지 못하였다. 그러나 시유 도기는 우리 민족 생활사와 함께 장구한 세월을 이어오면서 시대에 따라 새로운 기술을 유입하고 응용하여 그 형태와 종류를 다양하게 전개하여 왔다. 따라서 한국 도자기 역사는 이들 시유 도기에 의하여 보다 다양하게 되었으며 항아리와 병 등의 저장 용기뿐만 아니라 접시 · 대접 등 식기류와 청자로 만들어진 매병 · 광구병 등도 시유 도기로 제작됨으로써 도기와 자기의 경계를 허물기도 하였다. 일부 귀족 계층의 전유물이었던 청자 문화는 이 시유 도기를 통하여 청자의 이미지와 쓰임새가 증가되고 일반화되어 고려 청자 문화가 고려 시대 문화를 대변하고 설명하는 문화 유산으로 정립될 수 있었고 대중 속에 확산될 수 있었던 것이다.

유약을 바른 시유 도기는 자기처럼 표면이 매끄러우면서도 도기 질이기에 자기의 미감과 도기의 효능을 모두 갖추었던 창의적인 도기라고 할 수 있다. 한국의 시유 도기는 당(唐)과의 문물 교류가 활발하였던 9~10세기에 그 생산이 본격화되기 시작한다. 이때는 새로운 기술로 제작되는 본격적인 자기라고 할 수 있는 청자가 발생되는 시점이지만 시유 도기는 고려 청자와 달리 한국 도기의 제작 기법과 소성 방법을 계승한 전통적인 도기 생산 기술을 활용하였고 그 원료를 손쉽게 구할 수 있는 자연 그대로의 유색 접토를 사용하였기에 청자보다 생산 가격이 낮고 공정이 손쉬워서 그 생산량을 풍부하게 할 수 있었다.

1970년 이후 한국의 전 국토가 도로와 댐, 건물의 건설로 개발이 본격화되면서부터 수많은 고려 · 조선의 성터 · 절터 · 집터 등 생활 유적이 발굴 조사되어 시유 도기의 출토가 주목되기 시작하였고, 일본의 17세기 유적에서 한국 시유 도기의 출토가 본격적으로 보고되기 시작하였다. 한국의 시유 도기는 1990년대 이후 그 존재가 부각되기 시작하였는데 최근에는 그 예술성 또한 주목을 받고 있다.

도 46. 저화도 유약 녹유 귀면와 남북국 시대 신라 8세기, 이화여자대학교박물관

1. 시유 도기의 연혁과 특징

도기를 구워내면서 유약을 함께 입혀야 하는 시유(施釉)의 기술력은 유약이 없는 도기보다 생산 공정에서 시간과 제작비가 추가되는 어려움이 있다. 따라서 한국 도자사에서 도기에 유약을 입히는 시유 도기의 개발은 처음에 낮은 온도에서 용융되는 저화도(低火度) 유약인 녹색 · 갈색의 연유(鉛釉) 계통으로 시작되었다.

연유 계통의 저화도 시유 도기에는 3세기 중엽의 고구려 유적인 만보정 75호분, 칠성산 96호분에서 출토된 투명 황갈유 도기들과 서울 구의동에서 출토된 6세기 고구려 도기 병과 백제 미륵사지의 녹유전, 8~9세기 남북국 시대 신라의 사천왕사지 · 안압지의 녹유전 등이 있다(도 46). 이 저화도 연유 도기는 부장용과 장식용 등의 특별한 수요로 공급된 것이다. 저화도 연유 도기는 유약과 태토가 밀착되지 않아 유약의 탈락이 심하기 때문에 식기나 일상 생활 용기로는 적합하지 않았다.

저장 용기와 식기로서의 기능도 뛰어난 경질 시유 도기는 높은 온도에서 녹이는 고화도(高火度) 유약을 입히는 기술과 함께 대량으로 중국 도자기가 수입되던 9세기경부터 본격적으로 생산되었다. 이러한 혁신적 기술로 만든 시유 도기는 전라남도 영암 구림리 도기 가마에서 시작되었다. 도기에 유약을 입힌 흔적은 전통적인 토기 생산 가마와 같은 지하식 단실 가마에서 발견되었는데, 지금의 옹기와 같이 1회 소성으로 도기를 소성하면서 1,100℃의 고온에서 유약을 녹인 것이다.

구림 도기에 시유된 유약은 철분 함량이 높은 붉은 흙에 잿물을 섞은 잿물 유약, 즉 회유(灰釉) 계통이다. 유색은 황갈색 · 녹갈색 · 검은색 세 종류인데 흙물의 철분 함량과 가마 내부 온도와 환경에 따라 색상이 달라진다. 붉은 황토와 잿물을 섞어 만든 유약은 손쉽게 구할 수 있는 값싼 원료이면서 자기와 같은 반짝이는 유면을 형성하므로 고려 시대에 들어와서도 일상 생활 용기로 폭넓게 채용되었다.

구림 도기의 시유 기술은 전라남도 해남의 화원면 · 산이면 일대의 녹청자 가마터에도 영향을 주어 유약을 바른 시유 도기인 4각 병 등의 운송 용기, 저장 용기가 본격적으로 생산되었다. 중국 월주요의 청자 생산 기술이 한반도로 들어와서 고려 청자의 생산이 시작되면서 청자로 만들어지는 매병 · 항아리 · 병 · 자배기 · 접시 · 대접들이 황갈유 · 녹갈유의 시유 도기로도 제작되기 시작하였다. 이렇게 하여 청자가 지니지 못한 자연스러운 유약의 흐름과 녹갈색 · 황갈색 · 검은색 등 단색조 유약의 은은한 광택으로 독창적인 미감을 자랑하는 시유 도기는 점차 그 생산이 확대되었다. 주요 생산지로는 전라남도 강진군 계율리, 해남군 산이면 일대와 전라북도 부안군 우동리가 있다.

고려 시대 초기부터 활발해진 시유 도기의 생산은 조선 시대까지 계속된다. 조선 시대 시유 도기 생산의 흔적은 『세종실록지리지(世宗實錄地理志)』의 초계군과 진주목(晋州牧) 도기소에서 황옹(黃甕)을 굽는다는 기록과 『경국대전』 공전외 공장조(工典外工匠條)에 충청남도 임천에도 황옹장(黃甕匠)이 한 사람 있다고 하는 기록에서 찾아볼 수 있다. 당시 185개소의 도기소 가운데 불과 두 개의 도기소와 104명의 옹장(甕匠) 가운데 1명의 황옹장을 별도로 기록하고 있는 점으로 보아도 시유 도기는 귀한 고급 도기로서 조선 시대 후기까지도 그 생산이 단절되지 않았다고 볼 수 있다. 또한 17세기의 일본 유적에서 출토되는 한국 시유 도기인 녹갈유 병과 자배기의 존재는 시유 도기의 제작이 조선 시대 중기에는 대외 교역품으로 사용되고 있음을 입증한다.

19세기 말 1883년~1885년 외국인 조류학자 피에르-루이 주이의 조선 도자기에 관한 기록에는 "갈색과 흑색의 유약이 안팎으로 칠해져 있고 물결무늬가 있다"라고 되어 있는데 그 실체는 유약을 입힌 옹기를 표현하고 있는 것으로 보인다. 이는 시유 도기의 역사가 근대의 옹기로까지 이어지며 지속적으로 생산되고 있었던 사실을 알려 주는 것이다. 또한 그 생산 기술의 시작이 고려 청자의 발생 시기와 맞물려 있기에 요업 기술상으로는 청자 발달의 제작 기술 기반을 제공하기도 하였으나 선사 시대부터 근대에 이르기까지 기존의 전통적인 도기 제작 기술을 전승하면서 운반과 이동에 편리한 가벼운 무게와 생산 단가가 낮은 경제적인 도자기로 도기를 발달시켜, 도기가 생활 도자로서 한국민의 삶 속에 넓고 크게 자리 잡게 된 것으로 보인다.

도 47. 저화도 유약 황갈유 도기 자배기 고구려 6세기, 서울 구의동 출토, 서울대학교박물관

2. 시유 도기의 종류

저화도 유약 도기

도기에 입히는 유약은 앞서 설명한 바와 같이 처음에는 낮은 온도에서 용융되는 연유(鉛釉) 계통이었다. 녹색·갈색의 투명한 연유계의 저화도 유약은 아라비아로부터 북방아시아 대륙을 거쳐 기원후 3세기경에 우리에게 전해진 유리 용융 기술을 응용한 것이다. 우리나라에서는 고구려 도기에서 그 예가 나타나며 백제·신라로 확산되어 간다. 3세기 중엽에서 6세기까지의 고구려의 산성·궁터·고분 등 많은 유적에서 간간히 투명한 갈색 저화도 유약 도기가 출토되었다(도 47).

고구려 시유 도기는 큰 독이나 자배기와 달리 모래가 없는 고운 점토를 사용하였고 투명한 황갈색 유약을 칠하였는데 유층이 얇고 탈락이 심하다. 시유 도기는 유약이 없는 무유 도기(無釉陶器)에 비하여 절대적으로 적다. 이들은 유약 없는 도기보다 모래가 섞이지 않은 고운 태토를 사용하여 얇고 투명한 유면으로 인해 도기의 거친 느낌이 전혀 없다. 저화도 유약은 그릇을 소성한 후 유약을 입혀 낮은 온도에서 녹이는 기법이므로 표면에 유약을 바른다는 개념으로 볼 때 시유 도기의 초기 단계라고도 볼 수 있다.

도 48. 구림 도기의 유약 남북국 시대 신라 9세기, 영암 구림리 출토, 이화여자대학교박물관

고화도 시유 도기의 시원 : 영암 구림 도기

전라남도 영암군 군서면 구림리에는 마한 시대부터 고려 초까지 일본·중국으로 나가는 국제 항구이었던 상포대가 있고, 그와 인접하여 남북국 시대(8~9세기)에 도기만을 전문으로 생산하던 대규모의 도기 가마터가 남해로 나아가는 영산강의 지류를 따라 분포되어 있다. 이 구림 도기 유적은 1987년과 1996년에 이화여자대학교박물관이 발굴 조사하여 국가 사적 338호로 지정하고 1,200여 년 전 도기 가마와 주변 환경을 보존하고 있다. 구림리 도기 가마터에서는 우리 도기 역사상 처음으로 유병·4각 편병·단경호에 1,200℃의 고화도 유약을 입힌 녹갈색·황갈색·검은색의 시유 도기가 제작되었다.

구림 도기는 도기에서 자기로 발전해 가는 기술 혁신의 단계를 보여주는 것으로서 그 기술사적 가치가 크며, 또한 한국에서 독창적인 발전을 보게 되는 시유 도기 역사의 시발점이라는 점에서 그 학술적 가치가 높다.

과학적인 성분 분석 결과 구림 도기의 유약은 철분의 함량이 4~6.5% 정도로 청자 유약보다 조금 많으며 알카리유와 알카리-석회유 계통으로 분석되었다(강경인: 영암도기문화센터 개관기념 학술대회 1999). 시유 도기의 소성 온도는 1,100~1,180±20℃로 추정되었으며 소성 시간은 유약 없는 경질 도기보다 길었던 것으로 분석되었다. 전체가 고른 자기와는 달리 자연스러운 유약의 흐름, 녹갈색·황갈색·흑갈색·갈색 등의 중간 색조이면서 색조의 변화를 보여주는 시유 도기는 새로운 미감을 지닌 도자기이다(도 48). 한국 시유 도기의 역사는 이 구림 도기에서 시작하여 고려 시대와 조선 시대를 거쳐 근대의 적갈유 도기인 옹기로 이어지는데 한국에서 독특한 발달을 보인 도자기 문화라고 할 수 있다.

녹갈유 도기

구림 도기에서 시작된 고화도 시유 도기의 빛깔은 가마 내의 온도 상승에 따라 황색에서 녹색으로 변화되는데 녹갈색 유약으로부터 시작되었다. 태토는 우리의 산야에서 쉽게 구할 수 있는 입자가 거친 태토를 사용하고, 한반도 서해안 일대에 널리 분포되어 있는 황토와 나무재를 섞은 잿물을 혼합하여 유약을 만드는데, 가장 많은 것은 월주요 청자의 빛깔과 유사한 녹갈색이다(도 49).

녹갈유 시유 도기는 기존의 도기와 같이 가마터 주변의 흙을 자연 상태 그대로 태토로 사용하며 유약도 가마터에서 나온 재와 흙물을 이용하여 제작비가 저렴하면서도 청자 못지않은 강도와 아름다움을 지녔다. 그 때문에 고려 시대에는 청자의 대용으로서, 초기에 일상 생활 용기로 쓰였던 월주요 청자에 대한 향수로 수요가 많았다.

녹갈유 도기는 저장용 병과 항아리뿐만 아니라 대접 · 다완 등 식기류까지도 만들어지며 조선 시대까지도 그 생산이 지속되었다. 서남해안 일대인 충남 보령군 오사리, 전남 강진군 칠량면, 전남 해남군 진산리 등에 녹갈유 도기를 생산하던 가마터가 남아 있다.

고려 시대의 생활 도자로서 녹갈유 도기가 많이 사용된 흔적을 보여주는 자료로는 서남해안 바닷길에서 좌초되어 바다에 가라앉아 있다가 발굴 인양된 완도 어두리의 해저 유물이 있다.

도 49. 녹갈유 병 고려 말 조선 초 14~15세기, 이화여자대학교박물관

도 50. 녹갈유 철화 당초무늬 반 고려 12세기, 이화여자대학교박물관

녹갈유 철화 도기

대규모의 도기 생산지인 전라남도 영암군 구림리에서 목포 앞바다로 나아가는 영산강을 따라 남해로 나아가면 전라남도 해남과 연결된다. 해남에는 월주요 청자의 영향을 받은 녹청자 가마가 화원면 · 산이면 일대에 대규모로 형성되어 있다. 이곳 해남에서는 녹갈유 도기와 함께 녹갈유 철화 도기가 생산되었다. 녹갈유 도기에 철분 함량이 많은 붉은 흙을 사용하여 붓으로 활달하게 그림을 그려 넣은 철화 도기(鐵畵陶器)는 녹갈유 · 흑갈유 등 시유 도기 가운데 문양이 장식되는 유일한 것이다(도 50).

지금까지 청자의 아류로 분류되어 온 녹갈유 철화 도기들은 대부분 굵고 흰 모래가 섞인 거친 흙을 사용하여 바닥판을 만든 후 흙띠를 쌓아 올리는 토기 제작 기법으로 성형한 것이어서 청자와는 계통이 다르다. 해남 진산리 가마터에서는 아주 드물게 고급 자기인 청자와 같이 엄선된 점토와 정제된 유약을 사용하며 물레 성형으로 만든 것이 출토되기도 하지만, 대부분은 1회 소성으로 완성하는 도기 질이며 편병 · 시루 · 자배기 등 도기에서 만들어 온 형태이어서 도기의 한 갈래로 볼 수 있다.

완도군 약산면 어두리 앞바다에서 건져 올린 32,000여 점의 고려 시대 도자기는 매끈한 청자보다 표면이 거친 녹갈유 · 흑갈유의 도기 접시와 대접, 녹갈유 병, 흑갈유 항아리, 녹갈유 철화병, 장구 등으로, 대부분 유약을 입힌 시유 도기들이다. 이 완도 해저 유물들은 전라남도 해남군 진산리와 구성리 가마터의 생산품으로 추정되는 것으로 그 가마터의 규모와 해저 인양 유물의 수량 등으로 볼 때 녹갈유 철화 도기를 포함하는 녹갈유 도기는 고려 시대의 일상 용기로서 대량 생산되어 고려 도자기의 주류를 이루었다고 할 수 있다.

도 51. 흑갈유 편호 고려 13세기, 이화여자대학교박물관

흑갈유

고려 시대의 시유 도기 가운데 녹갈유와 함께 현재까지 가장 많이 남아 있는 것은 흑갈유 · 흑유이다. 산화철 함량이 많은 붉은 흙을 잿물과 섞어 두텁게 시유하는 흑갈유에는 고려 시대의 청자로 제작되던 매병 · 정병 · 기름병 · 광구병 종류가 대부분이고 전형적인 토기 · 도기의 형태인 장군 · 병 · 손잡이 항아리 · 약탕관 · 자배기 등이 있다.

원래 흑갈유 · 흑유는 중국의 남북조 시대에 북조인 중국 하북 · 하남 · 산동 · 산서 등의 위 · 진에서 병 · 관 · 완 · 반으로 많이 만들어지던 것인데 조형이 질박하고 태토와 몸이 두툼하여 견고하며 태토는 입자가 굵고 유약의 두께도 두터워서 둔중한 느낌을 준다. 고려의 흑갈유는 구림 도기의 얇게 시유된 검은 유약에서 중국 북방의 흑유 도기처럼 기백이 웅자하고 유층이 두꺼워 깊이 있는 색조를 지닌 것으로 변화 · 발전되어 간다.

또한 송대에 급격히 발달하여 중국 남방의 복건 · 산서 · 절강 · 강서 · 요녕 일대에서 광범위하게 생산되었던 중국 흑자의 영향은 원의 고려 점령 이후인 13세기 후반부터 원의 영향으로 흑유 · 흑갈유 생산의 증가를 가져온다. 그러나 고려 시대 흑유의 형태와 제작 방법은 중국의 흑유와 달리 한국 토기 · 도기의 전통이 더 짙으며 철분 함량이 높은 적토를 유약으로 하는 유약 제조의 방법은 옹기로 전승되었다고 할 수 있다(도 51, 52, 53).

도 52. 흑갈유 장군 고려 12세기, 이화여자대학교박물관

도 53. 흑갈유 도기 병의 여러 가지 고려 12~13세기, 이화여자대학교박물관

도 54. 송광사의 겨울 장독대

3. 시유 도기의 정점, 옹기

한국 시유 도기의 전통은 최근까지 한민족 생활사를 대변하던 옹기로 이어진다. 옹기는 대형 항아리를 0.5cm 두께의 얇은 기벽으로 제작하는 놀라운 기술력, 중간 톤의 단색조 유색과 은은한 광택이 빚어내는 부드러움, 장식성이 배제된 기능 위주의 단순한 형태, 그리고 실외에서도 식품을 저장하는 특수 저장 용기로서의 뛰어난 기능에 그 우수성이 있다.

옹기는 한국인이 거주하는 곳이면 어느 지역에서나 볼 수 있었던 식품 저장 용기로서, 집집마다 적게는 십여 개, 많게는 수십 개씩 갖추고 있던 경질 도기이다(도 54). 한국의 전통 도자기 가운데 지역과 계층의 구별 없이 공통적으로 가장 널리 쓰이고 가장 많은 양이 생산되었던 도기의 하나임에도 불구하고, 옹기는 한국인의 고유한 정서와 민속을 대표하는 자료로서만 그 가치가 인식되어 왔을 뿐, 전통 도자기로서는 그 가치가 부각되지 않았다. 그러나 선사 시대부터 현재에 이르는 한국 도기의 전통을 잇고 있는 옹기는 가장 한국적인 정서를 표현하고 있는 독창적인 도자 공예이기에 그 역사성과 예술성의 탐색은 필수적이다.

옹기의 개념

옹기(甕器)는 유약이나 태토의 특징으로 볼 때 일반적으로 도기의 일종이지만, '옹기' 라는 용어는 도기와 자기라는 요업공학적 분류 개념보다는 붉게 반짝이는 유약이 입혀진 커다란 질그릇 항아리를 특정하여 지칭하고 있다. 원래 옹기의 '옹(甕)' 이라는 말은 저장 용기인 독을 의미하는 것이다. 발효 음식을 즐기는 우리 민족은 아주 오래전부터 저장 용기로 도기 항아리를 사용해 왔다. 김유신이 집안의 장맛을 보고 전쟁터로 향하였다는 『삼국사기』 기록 등에서 알 수 있듯이 이미 삼국 시대에도 발효 음식이 한국 민족의 주요한 식품이었다. 발효 음식인 술과 장의 발효 용기로 도기가 가장 효과적이었기에 그러한 도구적 필요에 의하여 한국에서 도기 항아리의 제작이 지속적으로 발달되어 왔다고도 할 수 있다.

도기 항아리를 지칭하는 용어로는 '옹기' 보다 '옹' 이 쓰였다. '옹' 이 사용된 예는 중국 송나라 사신 서긍(徐兢)의 『선화봉사고려도경宣和奉使高麗圖經』에도 물을 저장하는 물항아리를 "水甕陶器也..."라고 표현하고 있으며 쌀의 저장 용기로 대옹(大甕)을, 과일과 식초의 저장 용기로는 도기옹을 땅에 묻었다고 밝히고 있다. 이러한 기록들은 도기 가운데 배가 부른 큰 독을 '옹' 으로 표현하고 있음을 알려준다. 따라서 옹은 고려 시대까지 도기 항아리를 지칭하는 것이었다. 18세기 서유구의 『임원경제지林源林園經濟志』에서도 "陶器之最大者 亦日用之需最者也 凡釀造醬沈鹽 作菹皆用 此器案字書甕罌也"라 하여 도기 가운데 가장 큰 것, 일상 생활에 필요한 것, 발효용, 저장용을 '옹앵' 이라 한다고 기록되어 있을 뿐이므로 18세기까지도 옹기라는 용어보다 '옹' 으로 도기 항아리를 표현하였다.

그러나 19세기 후반부터 저장 식품의 양이 증가되면서 저장 용기인 장독이 대형화되자 도기 항아리를 지칭하는 용어가 '옹' 에서 자연스럽게 '옹기' 로 바뀌어 간 것으로 보인다. 도기 가운데 유약을 입힌 고급 도기인 시유 도기가 일상 생활 용기로 확산되면서 옹기라는 단어는 다갈색 유약의 큰 항아리를 가리키는 좁은 의미의 용어로 정착되었다고도 할 수 있다.

일찍이 한국 옹기의 역사성에 주목하였던 이화여자대학교 조정현 교수는 넓은 의미에서의 옹기는 도기의 별칭으로 민간에 널리 사용되기 시작하면서 일종의 관용어가 되어 옹기와 도기는 혼용된 것이라고 고증하며 옹기는 도기를 망라한 것이라고 정리한 바 있다. 이러한 용어의 의미로도 옹기는 선사 시대부터 이어져 온 토기 · 도기의 전통이라는 것을 알 수 있다.

옹기의 연원

위에서 살펴본 바와 같이 옹기는 도기를 뜻한다. 즉 옹기는 자기와는 별도로 전통 토기의 제작 기법과 기능, 특성을 유지하면서 독특하게 유약을 입힌 도기 질로 만들어서 한국민의 일상 생활에서 식품 저장 용기로 가장 많이 사용되었다. 한국 전통 도기의 하나인 옹기의 원류를 찾아보기 위하여 옹기에서 나타나는 성형 기법, 태토, 유약, 형태, 소성 방법 등을 토대로 옹기의 특성을 보다 자세히 설명하기로 한다.

옹기의 성형 기법

옹기는 자기인 조선 백자가 일상 용기로 대량 생산되던 19세기 말까지도 신석기 시대부터 계승된 토기 제작 기법으로 제작되었다. 옹기의 성형 방법으로는 선사 토기 제작 기법과 같이 바닥판을 만든 후 또아리 쌓기로 타래 성형을 하는 방법(권상법)과 바닥판 위에 넓은 흙판을 올려 쌓는 채바퀴 타래 성형 방법(륜적법)의 두 가지 기법이 전승되고 있다.

이와 같은 성형 방법은 800~900℃로 소성하는 선사 시대 무문 토기부터 1,100℃가 넘는 고화도의 삼국 시대 경질 회색 도기, 고려의 회색 도기

도 55. 옹기의 성형 방법 김준근, 19세기

까지 동일하게 적용되며, 도기에 유약을 입힌 고려 시대의 녹갈유 도기, 흑갈유 도기의 입 넓은 병, 항아리 등도 모두 같은 방법으로 성형하고 있으므로 시유 도기와 옹기까지 포함한 모든 도기는 토기의 성형 기법 전통을 계승하고 있다고 할 수 있다(도 55).

녹갈유, 흑갈유 도기 가운데 완도 출토의 대접, 접시 등의 식기류 등의 소품 중에는 청자나 백자와 같이 물레 성형을 한 것도 소량 있기는 하였다. 그러나 대부분의 항아리와 병은 신석기 시대의 덧띠무늬 토기나 빗살무늬 토기와 동일한 제작 기법에 의해 만들어진다.

옹기의 성형 후 표면을 장식하는 주요 무늬나 장식은 파상문과 덧띠무늬 장식인데 가는 흙띠를 눌러 붙이는 덧띠무늬 장식은 신석기 시대 토기에서 옹기까지 이어지는 도기의 전통적인 장식 기법이다. 어깨에 유약을 손가락으로 훑어내며 그려 넣는 근대 옹기의 물결무늬의 형태도 삼국 시대 고구려 · 백제 토기에서 가장 많이 사용하던 것이다. 손가락 마디로 눌러 찍은 무늬와 돌대를 등 간격으로 눌러 찍는 장식도 신석기 시대 토기와 삼국 시대 마한의 옹관 등 고대 토기에서 쓰인 방법이다. 옹기에 모든 장식무늬를 넣는 이와 같은 방식은 고려 청자나 조선 백자에서는 사용되지 않았던 장식 기법이었다.

형태의 기원

현존하는 옹기의 기본 형태는 목이 없는 넓은 입에 어깨부터 배가 불러 풍만한 둥근 항아리이다. 크고 작은 둥근 항아리에는 넓은 띠 손잡이를 양쪽에 붙인 것이 많다. 그 외에 이동하기에 편리하도록 운반 용기로 개발한 손잡이가 있는 동이와 입 넓은 자배기, 길고 좁은 목이 있는 병, 장군 등과 제조 용구인 소줏고리와 초병, 가열 용기인 시루, 뚝배기 등 다양한 형태가 옹기로 제작되고 있다.

옹기의 여러 가지 형태 가운데에 가장 많은 양을 차지하는 둥근 항아리는 식료품 저장을 위한 흙구덩이의 형태에서 유래된 것으로 식품을 저장하고 꺼내는 데 편리하도록 목이 없는 넓은 입과 땅바닥에 안정되게 놓을 수 있는 굽이 없는 편평한 바닥이 특징이다. 이 바닥이 편평한 둥근 항아리 형태의 기원은 B.C. 5,000년 전의 황화 유역 신석기 문화인 앙소(仰韶) 문화, 서왕촌 유적, 반파 유적에서 출토된 둥근 항아리에서 찾을 수 있으나 우리나라에서는 고조선 청동기 시대 무문 토기 항아리에서 유래한다. 표면에 아무런 장식이 없고 배가 풍만한 무문 토기 항아리의 기본 형태는 부여 송국리 유적 출토의 항아리와 동이에서 볼 수 있는데 후에

도 56. 옹기와 같은 형태의 고구려 도기 항아리 고구려 6세기, 서울대학교박물관

고조선을 계승한 고구려 토기에서도 나타난다.

1998년 서울대학교박물관에서 발굴 조사한 구리시의 아차산성 군사 요새였던 6세기의 고구려의 유적에서 지금의 옹기 항아리와 똑같은 비례와 형태의 항아리가 출토되었다. 아차산성에서 출토된 고구려 도기에는 옆으로 붙인 넓은 띠 손잡이가 단지 양쪽에 붙어 있는 물동이와 시루, 자배기, 윗면이 편평한 쟁반 모양의 항아리 뚜껑 등, 오늘날 장독대에서 볼 수 있는 옹기와 똑같은 것들이 있다(도 56). 3세기의 안악 제3호 고구려 고분 벽화에서도 시루, 항아리 등이 옹기와 같은 형태로 그려지고 있는 것을 보면 삼국 시대의 도기 가운데 지금의 옹기와 똑같은 형태의 것은 고구려 도기인 것이다.

고구려 도기는 고조선 청동기 시대 무문 토기와 중국 황하 이북의 신석기 시대 앙소 문화의 도기 가운데 바닥이 편평한 도기 항아리에 그 형태의 연원이 있으나 중국의 한문화(漢文化)가 정착하면서 중국 전역에 확대된 한나라의 도기와는 그 계통을 달리하고 있다. 또한 가야와 신라의 밑바닥 둥근 회색 도기들과도 형태상으로는 계통을 달리하는 것이다.

이상과 같이 옹기 형태의 연원을 간략히 살펴보면 옹기는 북방 유목민이 정착하면서 만들기 시작한 중국 북방의 앙소 · 홍산 문화에서 고조선, 고구려로 이어지는 독자적인 문화권의 산물이다. 바닥이 편평하고 입이 넓으며 몸체가 둥근 큰 항아리는 이동적인 유목 문화권이 정착 농경 생활로 전환되고 저장 용기의 사용이 늘어나기 시작하면서 제작이 활발하여지게 되어, 한국인은 도기로 만든 항아리를 애용하는 독특한 도기 문화를 이루었다. 이는 중국인의 눈에 비친 고려 시대 사람들의 생활사를 기록한 『고려도경』에 남아 있는 물항아리의 묘사나 16세기 초 조선 시대 궁궐 모습을 묘사한 숭불도에 그려진 옹기의 모습 등 간접적인 자료들을 통하여 보아도 옹기 항아리는 형태가 도기에서 전승된 것임을 입증할 수 있다. 또한 고려 · 조선 시대의 절터 · 성터 등 생활 유적과 고분에서 출토되는 수많은 도기 항아리 파편에서도 옹기 형태를 쉽게 찾아볼 수 있다.

특히 조선 시대 관요인 경기도 광주 번천리 9호 조선 백자 요지 공방터에서 출토된 바래기는 16세기 조선 옹기의 형태가 오늘날의 옹기와 같음을 증거해 주고, 18~19세기에 조선 시대 사람들의 생활 모습을 그린 풍속

도 57. 옹기의 잿물 유약 이화여자대학교박물관

화는 지금의 옹기와 같은 물동이가 사용되고 있었음을 보여준다. 이와 같이 한국 옹기 항아리들은 재래의 도기를 대형화하고 대량 생산하여 한국민의 생활 속에 더 강하게 정착되어 왔다고 볼 수 있다.

유약의 연혁

한국 옹기의 대부분은 반짝이는 검붉은 유약이 입혀져 있다. 유약은 도기를 더욱 단단하게 하고 물이 새는 것을 막아주며 반짝이는 여러 가지 색을 입힐 수 있어서 장식 효과도 크다. 도기를 소성하면서 유약을 함께 입히는 시유의 기술력은 일반적으로 도기의 생산 공정에서 시간과 제작비가 추가되는 어려운 과정이다. 도기에 유약을 입히는 기술은 1,200년 전 구림 도기에서 시작되어 잿물을 친다는 옹기장이의 말처럼 흙물과 나무를 태워서 얻은 재를 물에 타서 만든 옹기의 유약으로 개발되었는데 지금도 전라도 지방에서는 논흙과 잿물, 약토를 섞어 옹기 유약을 제조하고 있다.

우리의 산야에서 쉽게 구할 수 있는 주변의 붉은 황토와 잿물을 섞어 만든 잿물 유약은 손쉽게 구할 수 있는 값싼 원료이면서 자기와 같은 반짝이는 유면을 갖춘 고급 도기를 만들어 냄으로써 한국의 일상 생활 용기인 옹기에서 폭넓게 채용되기 시작하였다(도 57).

한반도 재래의 도기 제작 가마에서 전통적인 방법으로 개발되었던 도기의 유색과 유약은 청자가 지니지 못하는 자연스러운 유약의 흐름과 녹갈색, 흑갈색, 황갈색, 검은색으로 이어지는 단색조 유약의 은은한 광택으로 독창적인 미감을 표출하고 있다. 이 유약은 청자, 백자를 만드는 유약과 달리 알카리계의 성분을 지닌 것으로 9세기 구림 도기 유약과 계통을 연계하고 있는 것이어서 역시 도기의 전통이라고 할 수 있다.

소성 방법과 가마 구조

옹기 가마는 대부분이 황토 언덕에 자연 경사면을 이용하여 설치하였다. 옹기를 소성하던 옹기 가마 가운데 가장 오랜 전통을 유지하던 곳은 전라북도 고창군 남산리로 약 300년의 전통을 지니고 있다. 현재는 개량 가마인 칸 가마를 사용하고 있고 소성실은 사람이 서서 다닐 수 있는 1.8~2m 높이이다. 이곳의 가마도 원래는 경사면을 파고 들어간 굴 가마였다고 한다. 굴 가마에서 개량식 칸 가마로 개조된 것은 주민들 증언에 의하면 대략 1930~1940년대이다.

원래 도기 가마는 경사면을 파고 들어가는 터널식의 가마로 지하식 또는 반지하식의 구조인데 평면이 고구마 모양의 단실이다. 지하식 단실의 도기 가마 구조로는 3세기 충청남도 진천 신수리의 백제 토기 가마, 전라

도 58. 9세기 영암 구림리 도기 가마

도 59. 1960년대 개량식 칸 가마(경주)

북도 익산 신용리 백제 도기 가마, 8~9세기 남북국 시대의 전라남도 영암 구림리 가마, 충청남도 보령 진죽리 가마, 13세기 경기도 화성군 매곡리 가마가 있는데 조선 시대 초기까지 지하식 터널 형태의 가마가 도기 가마의 기본 구조였다. 이 재래 가마 구조를 갖고 있는 구림 도기 가마터에서 고화도 시유 도기를 생산하기 시작하였다(도 58).

그 후 시유 도기의 생산량을 확대하기 위하여 고구마 모양의 소성실은 가늘고 긴 반지하식 등요로 개조되어 해남 진산리 녹갈유 도기 가마와 같이 양질의 시유 도기를 대량으로 생산하기에 이른다. 그러나 시대가 바뀌고 시유 도기를 제작하여도 대부분의 도기 가마는 기본 구조로 지하식의 터널 가마를 유지하고 있었으며 도기 제작은 전문 생산 집단에 의하여 대규모로 이루어졌던 것이다. 가마의 구조나 소성 방법, 생산 단위까지 전통성을 유지해 온 것이 도기이다.

조선 시대 말 개화기를 맞아 신기술이 일본으로부터 유입되면서부터 대량 생산에 유리한 칸 가마가 옹기 제작에 채용되었다(도 59). 일제 강점기 이후에는 옹기 생산이 소규모 수공업 생산 체제로 전환되면서 개인 생산 체제에서는 판매량을 늘이기 위하여 가마 구조뿐만 아니라 성형 기법에서도 석고 제형기를 사용하는 등 전통 기법에 변혁을 가져오기도 했다. 소성 방법은 청자, 백자와 같이 초벌을 한 후 유약을 발라 재벌하는 2회 소성이 아니라 성형을 한 후 건조시켜서 바로 유약을 입히고 1회 소성으로 완성하는 방법으로 하였다. 가마 내의 재임은 가능한 공간은 모두 활용하여 큰 항아리는 2개, 중독은 2~3개를 포개어 얹는데 옹기의 입과 입을 맞대어 재이는 재임은 이미 고려 시대의 녹갈유 바래기에 그 흔적을 볼 수 있는 오랜 전통의 것이다.

태토

재래의 옹기에 상용된 태토는 석영질의 흰 모래가 섞여 있는 유색 점토이다. 완성된 옹기의 표면에서도 하얀 석영질의 흰 모래가 박혀 있는 것이 육안으로도 식별된다. 옹기에 쓰인 유색 점토는 한국 도처에 분포되어 있는데 점력이 강하여 성형하기에 적합하고 질의 치밀도가 균일하여 근대의 도기 · 옹기 제작에도 수비의 공정을 거치지 않고 한 가지 흙을 채취하여 그 상태 그대로 사용한다(도 60).

이와 같이 흰 모래가 섞인 유색 점토는 선사 시대 토기로부터 삼국 시대 도기, 마한 유역의 옹관, 9세기 구림 도기, 고려 시대 도기, 시유 도기에 이르기까지 모든 도기에 사용되고 있다. 녹청자 또는 저급 청자로 분류되어 온 전라남도 해남 진산리와 완도 해저 출토품의 녹갈유 · 흑갈유

도 60. 도기 원료인 자연 상태의 점토

대접과 접시, 철회 수반, 항아리, 병도 같은 종류의 태토이다.

13세기의 경기도 화곡리 무유의 회색 경질 도기도 분석 결과 석영질이 섞여 있는 자연 상태의 유색 점토로 분석되었고, 9세기의 구림 도기의 미량 성분, 화학 조성을 X선 회절 분석, 유도 결합 plasma 발광 분석, 편광 현미경 관찰 등의 방법으로 분석한 결과 구림 도기는 모두 지질학적으로 동일한 계통의 원료를 채취한 상태 그대로 사용한 것으로 나타났다. 즉 도기를 만드는 원료로 흰 모래가 섞인 유색 점토를 자연 그대로 사용하는 것도 고대 토기로부터의 한국 도기 전통인데 옹기도 저장 용기의 기능을 위하여 전통 도기와 같이 규석이 섞인 유색 점토를 채택한 것이라고 할 수 있다.

도 61. 옹기 항아리의 장식 문양 이화여자대학교박물관

장식 기법의 특징과 기원

옹기 표면을 장식하는 기법이나 문양의 형태는 자기인 백자, 청자의 음양각, 상감, 청화, 철화와는 다르다.

옹기의 성형 후 표면을 장식하는 기법은 대체로 세 가지인데 유약을 손가락으로 훑어내어 그리는 무늬와 손가락 마디로 누른 무늬, 성형할 때 흙띠 붙임으로 하는 돌대 장식이 있다. 유약을 손가락으로 훑어내며 그려 넣는 장식무늬는 파상문과 풀무늬, 물고기무늬, 새무늬가 있는데 속도감이 있고 추상적이기도 하여 독특한 세계를 만든다. 특히 파상문의 형태는 특이하게도 신라 토기에 나타나는 무늬는 사용하지 않고 삼국 시대의 고구려 · 백제 토기에서 가장 많이 사용하던 형태가 전승되고 있다. 손가락 마디로 눌러 찍은 무늬와 점토 돌대를 등 간격으로 돌리며 흙띠를 손으로 눌러 찍는 돌대 장식도 신석기 시대 토기와 삼국 시대 마한의 옹관 등 고대 토기에 나타난 기법이 다시 되살아나고 있다. 이들을 보면 옹기의 장식 기법의 연원도 고대 토기에서 비롯되어 그 맥이 이어져 온 것임이 분명하게 드러난다. 그 가운데 손가락으로 유약을 훑어내어 초문 · 조 · 파상문을 장식하는 것은 독창적인 장식 기법이라고 할 수 있다(도 61).

한국 생활 문화 속의 옹기들

옹기는 아주 오래전부터 서민적인 모습을 간직한 가장 한국적인 생활 용품이다 보니 그 쓰임새 또한 다양하다. 그중에서도 가장 먼저 언급되어야 할 것이 식생활과 관련된 생활 도자들이다.

우리나라 식품의 가장 큰 특징은 발효 식품이 모든 식품의 기본이 된다는 점이다. 이 발효 식품을 만들고 저장하기 위해 발달한 것이 바로 독이라 불리는 큰 항아리와 단지라고 하는 조그만 항아리들이다. 저장 용기인 독에는 장들만 담아 두는 것이 아니라 쌀, 보리 등의 곡식을 담아 두기도 하고, 건어물과 같은 제물의 보관하기도 한다. 또한 음료수를 저장하고 수시로 사용하기 위하여 물을 담아 두는 물통과 물동이로 가장 많이 사용한다.

옹기는 저장 용구로서뿐만 아니라 식생활과 관련해 각종 제조 용기로서의 역할도 수행한다. 소주를 만드는 소줏고리, 식초를 만드는 초병, 떡을 쪄 내는 시루 등 제조용 옹기로도 쓰임새가 다양하였으며 양념을 담는 양념 그릇, 수저를 넣어 두는 수저통, 쌀이나 야채를 씻는 자배기 등 생활 필수품으로 사용되는 도구로서도 그 용도가 광범위하고 다양하다.

도 62. 옹기 굴뚝 옹기민속박물관

옹기는 한국인의 생활 속에 깊게 자리하여 먹거리를 저장하고 만드는 일은 물론 집안의 평안을 기원하는 여러 가지 제례 및 민간 신앙 용기로도 사용하였고 집을 지으면서도 온돌을 만드는 주택 구조에서 반드시 설치하여야 하는 굴뚝도 옹기로 제작하는 등 생활 전반에서 널리 쓰였다(도 62).

이와 같은 옹기의 사용 범위가 넓은 것은 옹기가 지닌 독특한 기능인 방부성과 견고성을 일상 생활에 여러 가지로 활용한 한국인의 생활 지혜와, 고대로부터 자연에 의지하여 자연의 일부로 살고자 하던 자연 친화적인 한국인의 생활 철학에 기인한 것이라고 할 수 있다. 따라서 옹기는 한국인의 삶 속에서 반드시 필요한 것이었고 그 쓰임새의 역사가 유구하고 넓어서 다양한 형태의 옹기에는 한국의 생활 문화와 독특한 민속이 담기고 한국인의 정서가 깃들게 되었다. 특히 한국의 전통 주택에서 가장 깊고 양지 바른 곳에 만들어진 장독대에 놓여 있는 여러 가지 옹기에는 다양한 한국 풍속을 담은 속담도 엮여 있다. 옹기의 쓰임새에 따른 옹기의 여러 가지 모양을 간략하게 소개하면 다음과 같다.

항아리

항, 항아리, 독 등으로 불리는 이 저장용 도기 항아리는 지역에 따라 다소의 차이는 있으나 옹기에서는 비교적 큰 항아리를 일컫는다(도 63). 그러나 정확한 크기의 기준이 있는 것이 아니라 곡식의 보관량에 따라 한 섬들이, 두 섬들이로 크기에 따라 분류되고 담기는 내용물에 따라 쌀독, 간장독, 된장독, 물독, 술독 등으로 이름 지어졌다.

크기로 보아 가장 큰 항아리는 농작물에 쓸 비료를 저장하기 위하여 화장실에 놓았던 분뇨 항아리이며, 물, 쌀, 장을 담는 둥근 항아리는 일반적

도 63. 수탉 그림 큰 옹기 항아리 이화여자대학교박물관

으로 높이 1m 내외이다. 땅속에 묻어놓고 사용하기도 하고 건물 앞에 놓고 물을 담아 놓았다가 화재 발생 시에 사용하였던 방화용 물항아리 등 그 쓰임새가 가장 많았다. 특히 농경 정착 생활을 하는 한국인에게 농사로 얻은 먹거리를 보관하는 일은 가장 중요한 일이었기에 집집마다 항아리를 소중하게 간직하였으며 장맛을 중히 여겨 "장이 단 집이 복이 많다" 고 하면서 장항아리 보관을 주부의 가장 중요한 일의 하나로 여겼다.

왕실에서도 많은 항아리가 사용되었는데 백성들의 장독대와 견주어지는 '염고' 라는 것이 있어서 식품 항아리를 관리하였다. 이곳의 책임 상궁을 '장고마마' 라 불렀는데, 이의 세도 또한 무시 못 할 정도였다. 창경궁, 창덕궁의 원래 모습을 8쪽 병풍에 담아 놓은 국보 제249호 '동궐도' 에 의하면 동쪽과 서쪽 그리고 남쪽에 위치한 세 곳의 대궐 염고에는 수백 개의 장항아리들이 질서정연하게 놓여 있다.

옹기 항아리는 크기별로 나누어 대 · 중 · 소로 구분되는 것이 일반적이며 항아리의 모양은 배가 풍만한 것과 완만한 것, 어깨가 넓은 것 등으로 조금씩 달라 임진강을 경계로 북부, 경기 · 충청의 중부, 그리고 경상 · 전라 · 제주가 포함되는 남부 등으로 구별할 수 있을 만큼 지역적인 특징을 지닌다.

쓰임새가 다양하면서도 단순한 옹기 항아리는 한국인에게는 식생활의 상징과도 같은 존재이었기에 6 · 25 전쟁 당시에도 북한 주민들이 피난할 때에도 옹기 항아리를 이고지고 우마차에 실어 상당량을 남한으로 가지고 왔을 만큼 한국인의 생활 필수품이었다. 어느 집이나 집집마다 대대로 아끼고 귀히 여겼던 것이어서 고향을 떠나 먼 타지에 살면서도 고향에서 만든 옹기를 몇 개씩은 지니고 살았고 항상 두고 온 고향과 조상 친척을 생각하듯이 옛 옹기 항아리를 보존 · 관리하였다. 한 가정에서 3대, 4대를

도 64. 옹기 동이 개인 소장

거쳐서 보관하고 매만지는 장독이 있을 만큼 대를 물려 사용하는 것은 보편적인 일이었다.

또한 가정의 중심인 시어머니와 며느리의 관계가 항아리를 관리하는 것에서부터 이루어지기도 할 만큼 가정사의 역사가 깃들어 있다. 지역 구분 없이 어느 지방에서나 가장 많이 쓰인 옹기 항아리에는 가정의 평안을 기원하는 어머니의 기원과 정성이 깃들어 있어서 장독대에는 칠성님께 비는 칠성 항아리도 있고 장맛을 보존하기 위하여 액운이 틈타지 못하도록 하는 액막이 부적을 항아리에 붙인 것도 있다. 옹기 항아리 가운데에는 양감이 풍부한 형태와 중간 색조의 유색으로 예술적 분위기가 뛰어난 제품들도 상당수 있다.

동이

액체나 곡물 등을 보관하기도 하지만 이동하는 데 주로 사용되는 운송 용기로서의 기능을 가지고 있던 것은 양옆에 손잡이가 달린 '동이'이다(도 64). 동이는 여인들이 우물에서 식수를 부엌으로 길어 나르는 데 주로 사용하던 것이다. 오래되어 실금이 가거나 손잡이가 파손되어 버리기에 아까운 경우에도 헛간 옆에 놓아 소변 받는 통으로 사용하거나, 닭 · 돼지 등 집안의 가축 모이 저장통으로도 사용하는 등 한국인의 살림살이에서 사람의 손길이 가장 많이 닿았던 용기이다. 그리고 흔한 용기의 대명사로도 쓰여서 "질동이 깨뜨리고 놋동이 얻었다"는 속담이 있을 정도였다.

옛날 우리 농촌은 관직에 오른 집안이나 부유한 몇몇 집을 제외하고는 전통적으로 한 마을에 한두 개씩의 공동 우물이 있어서 마을 사람들은 모두 이 우물에서 식수를 길어다 사용하였다. 그 때문에 식수를 담아 옮기는 동이는 일상 생활에서의 필요성이 절대적이었다. 물동이를 지닌 여인들이 모인 우물가 풍경은 한국 민속을 대표하는 정경이 될 만큼 한국 생활사의 일면을 잘 보여주는 것이어서 조선 시대의 풍속 화가인 김홍도 · 신윤복의 그림에 가장 많이 등장하는 옹기가 되기도 하였다. 동이에는 원형에 가까운 '수박동이'라고 하는 둥근 것도 있고, 구연부에 귀를 붙인 '귀때동이' 등도 있어서 장인의 솜씨와 감각에 따라 각각 다른 맛을 지니고 있다.

도 65. 옹기 물허벽 개인 소장

병

병이란 항아리의 형태에서 주둥이의 크기를 작게 하고 좁은 목을 길게 만들어 주로 물이나 술 등 액체를 담고 따르는 데 편리하도록 고안된 것이다. 몸체는 둥그스름한 항아리형이 대부분이지만 용도에 따라 넓적한 병, 둥글넓적한 자라병, 타원형의 길쭉한 오리병, 여러 각의 다각병 등이 있다. 입이 좁기 때문에 바위틈에 흘러내리는 물을 담는 데에 편리하기도 하여 제주도 일원에서는 최근까지도 물 긷는 물허벅은 병의 형태이다(도 65).

병의 표면에는 장식을 위하여 식물의 잎이나 꽃, 새 · 나비 · 문자 등을 양각하거나 죽절 모양을 하여 미적 감각을 나타내는 경우가 많으며 때로는 아무런 문양 없이 담백하게 겉면을 처리하여 우리의 평화스러운 정서를 나타내기도 하였다. 병의 이름은 담기는 물건에 따라 술병, 물병, 기름병, 초병으로 불린다.

배를 부풀렸다가 오므려서 좁은 목을 만드는 도공들의 기술이 가장 돋보이는 옹기 병은 선비의 풍모에 곧잘 비유되기도 하여 정말 깊은 지식이 겸비되어 있는 사람은 속이 깊고 넓어서 겸손하고 아는 체하며 떠들고 다니지 않는다는 의미로 "병에 가득 찬 물은 저어도 소리가 나지 않는다"는 한국 속담이 생겨나기도 하였다.

물두멍(자배기)

물두멍은 바가지로 물을 쉽게 퍼낼 수 있는 입이 넓은 항아리로 흔히 물을 저장하거나 채소를 절이고 씻을 때 쓰고, 식구가 많은 가정에서는 설거지통으로도 사용하기도 하는 다용도의 용기이다. 부엌 바닥에 묻거나 그렇지 않으면 구석에 세워 두는 큰 물항아리와 짝을 이루면서 사용되며, 항아리의 물은 저장용으로 두는 데 비해 필요에 따라 수시로 꺼내서 쓰는 물두멍은 두세 동이 정도의 물이 들어가는 큰 항아리의 절반 크기이다(도 66).

지방에 따라 소래기 버치, 큰 자배기, 너럭지 등으로 불리는 이 물두멍은 부엌 용품 중에서도 가장 활발하게 사용되는 것으로 부귀다남을 기원하는 잉어나 붕어 등 물고기를 음각하는 경우가 많다. 음양설에 따라 기벽에 배꼽 등을 붙여서 앞면을 표시한 것도 있다. 정월 길일을 택하여 집안 식구들의 무병장수를 비는 뜻에서 이 물두멍이나 물항아리에 떡시루를 해놓고 고사를 지내며 섣달이 되면 역시 1년의 평안을 감사하는 의미로 같은 행사를 하였다.

겹단지

일반적인 단지와 달리 어깨 부분에 별도의 날개가 달려서 입이 이중인 것처럼 보이는 단지이다(도 67). 이 단지는 내려놓았을 때 가장 자연스럽

도 66. 옹기 물두멍 개인 소장

고 보기 좋은 모양을 가지면서도 안정성을 유지할 수 있는 수치를 찾아 높이를 정하고 전체 키의 5분의 2선에서 별도의 전을 붙여 입이 되는 구연부와 붙여진 전의 구연이 이중이 되게 하고 어깨에 붙인 전과 몸체 사이, 즉 전과 전 사이의 오목한 둥근 둘레에는 물을 채울 수 있게 설계되었다. 이는 더운 여름날 단지 내의 음식물이 변하지 않도록 시원한 물로 항아리 윗부분을 식혀서 식품의 온도 조절 역할을 하고, 동시에 개미 · 지네 등 벌레들이 들어가는 것을 차단하는 기능까지도 포함하고 있다.

단지의 몸체에 전을 두세 개 달아 물 채우는 고랑을 2단, 3단으로도 하였는데 물론 맨 나중의 내전의 키가 커서 뚜껑을 덮은 후에는 전과 전 사이에 고였던 물이 넘쳐 흘러서 안으로 새어 들어가지 않도록 세심한 주의를 하여서 제작되었다. 청자나 백자에서도 흉내 낼 수 없는 이 겹아가리 단지는 부유한 가정에서 웃어른에게 올리는 식혜 · 수정과 제조 및 보관용으로 쓰였던 것으로, 항아리 밖에 물을 채워 항아리 몸체를 시원하게 하여 온도 조절을 하는 지혜가 담긴 옹기이다. 이 형태의 원류는 백제 토기에 있을 만큼 역사가 오래된 것으로 옹기 가운데 가장 장식적인 것이다.

8각 단지

옹기 그릇들은 대부분 실생활에서 기능성이 중요시되었던 관계로 복잡한 기교를 부리거나 사치스러운 장식 없이 둥글넓적한 대로 쓰기 편하도록 만들어지는 것이 일반적이다. 그러나 옹기장이의 취미나 사용자의 요청에 따라 같은 용도의 그릇이라 해도 경우에 따라서는 기교를 부려서 모양을 내어 만들거나 문양을 넣는 경우를 가끔 볼 수 있는데 그중 하나가 8각 단지이다(도 68).

사용하지 않을 때는 어딘가에 놓아두어야 할 이 다각 단지는 쳐다보아

도 67. 옹기 겹단지 옹기민속박물관

도 68. 옹기 8각 단지 옹기민속박물관

서 시야에 들어올 수 있는 3면에만 난초 · 함박꽃 · 매화 등의 문양을 쳐서 옹기도 멋을 내면 이처럼 은은한 아름다움이 깃들 수 있다는 것을 과시라도 하듯 장식이 인상적이다.

반면 나머지 5면에는 전혀 무늬나 조각 없이 다른 기벽과 같은 잿물옷을 입혔는데 바로 이러한 점이 꼭 있어야 할 것과 필요한 것만을 주장하는 옹기의 특징을 보여주고 있다. 장식이 있는 양념 단지는 담백한 선비의 밥상 위에 약간의 장식으로 즐거움을 주었을 것이다.

젓갈독

어패류의 살이나 내장에 많은 소금을 넣어 알맞게 숙성시킨 발효 식품을 만들고 저장하는 용기이다. 젓갈류가 다양하듯 그 저장통도 다양해서 창난젓 · 곤쟁이젓 · 백새우젓 · 잡젓 · 멸치젓 · 조기젓 등을 한눈에 알아보도록 각기 특색 있는 형태의 그릇에 담았다(도 69). 부잣집의 밑반찬으로 분류되는 창난젓이나 명란젓의 경우 둥그스름한 단지를 쓰고, 연세 높으신 어른들의 효도용으로 즐겨 찾는 곤쟁이젓은 지름 10cm, 높이 30cm의 가장 작은 원통형 젓갈통에 담고, 먹고 살 만한 집안의 백새우젓은 조금 규모가 큰 원통형, 멸치젓은 원뿔형, 그리고 어전에도 상납되었던 영광 굴비젓은 몸통은 좁으나 거의 큰 항아리만한 푸레독 등을 쓴다(도 70).

대체로 해변가의 옹기 가마에서 많이 구워지는 이들 젓갈통은 젓배 안으로 직접 가지고 들어가서 여러 종류의 젓갈류를 넣은 다음 독째 수요 공급처에 바로 운반되는 것이 통례였다. 젓갈독은 발효와 저장, 두 기능을 함께 하는 것으로 집집마다 많은 젓갈독들이 있었고 젓갈독의 숫자로 그 집의 살림 규모를 살펴볼 수 있었다.

도 69. 옹기 젓조쟁이 개인 소장

도 70. 푸레독 이화여자대학교박물관

양념 단지

한국에서의 양념이란 음식의 재료를 상하지 않도록 보존하고, 음식의 맛과 향기를 돋우기 위하여 사용하는 재료를 총칭하는 말이다. 이것을 담아서 사용하거나 보관하는 용기를 양념 단지라고 한다(도 71). 양념이 지니는 좋은 향기나 맛의 보존 · 유지는 그 담는 용기에 따라 성패가 좌우된다.

우리 조상들은 꽃소금 · 깨 · 고춧가루 · 들깨 · 마늘쪽 등 수분이 밖으로 나오지 않는 양념을 옹기에 넣어서 향과 맛을 보존하였다. 한국 음식의 양념은 여러 종류의 양념이 함께 필요하므로 각각의 양념을 담은 작은 단지를 손잡이와 고리로 연결하여 하나의 용기로 만들었다. 1단지 · 2단지 · 3단지 · 4단지 등이 붙어 있는 양념 단지는 최근까지도 그 유형들이 식탁과 부엌에서 사용되었다.

도 71. 옹기 양념 단지 옹기민속박물관

확독과 확

확독은 내면에 요철을 두어 쌀과 보리 등의 곡식이나 양념 등을 갈 수 있도록 고안된 강판을 겸한 자배기 그릇이다. 열무김치를 위해 빨간 고추와 밥알을 넣고 갈아서 양념으로 만들 때 사용하며, 여름철 더위 먹었을 때 익모초를 빻아 약으로 만드는 데도 역시 없어서는 안 될 그릇이다.

확독을 만들 때는 태토의 점력과 내화력이 가장 뛰어난 것을 사용하며 구울 때도 고온에서 단단하게 소성하기 위하여 온도가 높은 가마의 앞쪽에 놓고 소성한다. 자배기 형태에 양쪽 손잡이를 꽈리형으로 만들어서 들고 옮기기에 편리하게 만들었다.

확독은 본래 확(풋돌)과 독(그릇)의 복합어로서, 음양 사상이 우리 생활에 깊숙이 파고들었던 시절 확독은 음으로 확은 양으로 이해되기도 했다. 이 확독은 임진왜란 이후 일본으로도 전해져서 일본에서도 널리 쓰였다.

식초병

한국의 옛 시골집 부뚜막에는 구석진 곳에서 시큼한 맛을 내고 있는 옹기 초병이 있었다. 조미료인 식초를 발효하고 보관하는 데 쓰이는 중간 크기 정도의 이 식초병은 항아리 모양의 몸통에 좁고 긴 목이 달렸다. 몸통의 둥근 배 부위에는 4cm 길이의 새끼손가락만한 입구 하나를 만들어 붙였는데 재료를 넣고 빼는 위쪽의 큰 입과 달리 이 작은 주구는 완숙된 식초를 따라서 쓰는 데 편리하도록 한 것이다(도 72).

"음식 조리 중 생선의 비린내나 미케한 육고기의 냄새를 제거하는 데 특효가 있는 식초는 장 다음으로 맛을 돋우어 주는 가정에서 필요한 부식이다"라고 『중보산림경제』에 기술하고 있을 만큼 식초는 한국 음식에서 꼭 필요한 향신료이자 조미료였기에 모든 가정의 필수품이었다.

도 72. 옹기 식초병 개인 소장

토기 그릇들은 산성에 약한 것으로 되어 있으나 1,200℃ 이상의 소성 온도에서 메밀재 · 밀재 그리고 짚재 등을 흙물과 섞은 유약을 입힌 유약 옹기는 산성에도 강함으로 옹기는 초병으로도 요긴하게 쓰였다.

업단지

농촌에서는 추수가 끝난 가을철, 곡식류가 타작이 되면 말려서 곳간이나 광에 저장 · 보관하게 된다. 이때쯤 되면 집안의 이곳저곳에서 살고 있던 쥐들도 광이나 곳간으로 모여들게 되는데, 겨울잠을 자는 뱀이나 구렁이들이 쥐를 따라서 곳간으로 들어가는 현상이 나타나곤 했다. 시일이 지나면 음침한 곳을 좋아하는 뱀은 밖으로 나올 기미가 없어 보이고 그래서 현명한 우리 선조들은 할 수 없이 뚜껑이 있는 30~40cm 정도의 단지 하

도 73. 옹기 업단지 옹기민속박물관

나를 뱀이 있고 없고를 가리지 않고 곳간의 구석진 곳에 갖다 놓는 풍속을 지켜왔다(도 73).

이것은 곳간의 마룻바닥 위에서 겨울을 지낼 수 없는 뱀의 겨울잠용 은신처가 되었는데, 이는 모든 생명을 귀히 여기고 함께하고자 하는 한국인 생활 철학의 한 예라고 할 수 있다. 또한 수렵어로를 할 수 없는 한겨울에 농민들이 긴급히 고단백질이 필요할 때 구급 보양제로 사용할 수 있는 것이기에 곳간을 드나드는 뱀을 집안을 지켜주는 업이라고 보호하였던 것은 생활의 경험과 지혜가 낳은 산물이라고도 하겠다.

시루

떡 시루 · 콩나물 시루 · 숙주나물 시루 · 약 시루 · 명기용 시루 등 담기는 내용에 따라 각각의 이름이 지어진 시루는 우리의 전통적인 음식 문화에서 빼놓을 수 없었던 생활 용기이다. 크기는 한 홉기들이의 작은 시루에서부터 불교 행사인 연등회에 사용하였던 쌀 두 가마니가 들어가는 대형 시루까지 있다.

그러나 일반 생활 용기로서의 시루는 그 용도에 따라 크기와 형태가 각각 달랐다. 시루는 그릇의 밑바닥 중앙 큰 구멍을 중심으로 여러 개의 작은 구멍들을 뚫어서 물이 빠지거나 증기가 올라오도록 고안된 형태이다(도 74). 곡식을 쪄서 익히는 기능이기에 소송 온도를 800~900℃ 정도로 낮게 하여 습기를 흡수할 수 있는 연질의 토기로 만들었다. 청동기 시대부터 널리 쓰인

도 74. 옹기 시루 옹기민속박물관

시루는 보편적으로 5~8개의 밑구멍과 옆으로 띠 손잡이가 있다.

시루는 특별히 햇볕이 가장 잘 드는 장독대 위나 독 위에 시루 밑구멍이 하늘을 향하게 하여 보관하였다. 조선 왕조의 왕실에서도 가장 활발하게 사용되었던 시루는 꿀찰시루떡 · 흰콩가루찰시루떡 · 심검초가루를 넣고 찐 녹색떡 · 녹두시루떡 등의 여러 가지 제례용, 잔치용 떡을 만들었다.

질화로

가장 서민적이면서 어느 계층에서나 널리 생활에 사용되었던 화로는 한겨울에 보온을 겸한 불씨 보관용이었다. 연질 토기이기에 조심스레 사용하였고 소중한 불씨를 보관하고 있으므로 언제나 집안 어른들이 조심스럽게 간수하게 되어 있었다.

화로는 돌과 쇠로 만든 것도 있으나 선사 시대부터 오늘날까지 변하지 않고 전승되어 온 것 역시 질화로(옹기 화로)이다(도 75). 경제적이며 가격이 저렴하기 때문에 각 지방에 널리 보급되어 있었던 질화로는 가마에서 소성하는 것이 원칙이나 낮은 온도로 굽는 연질 토기이기에 노상에서 불을 지펴놓고 노천요에서 소성하기도 하였다.

통기성과 보온성이 뛰어난 질화로는 속에 있는 불 기운을 서서히 그러면서도 오래도록 밖으로 대류시키는 기능이 있어서 방 안에 들여놓고 사용하였기에 "겨울 화롯불은 어미보다 낫다"라는 속담이 생겨나기도 하였다. 화로의 수명과 미적 감각을 높이기 위해 꼬들꼬들한 마늘로 표면을 문질러서 마치 그 색깔이 옻칠로 착각할 수 있을 정도로 검은 윤택이 반짝반짝 나도록 만들어서 독특한 미감이 있기도 하다.

일제의 영향 하에 있을 때는 표면에 유약을 입힌 일본형 오지 화로가 대량 유입되면서 우리 전래 고유의 포근한 질화로가 급격히 줄어들었고 현

도 75. 옹기 화로 옹기민속박물관

대 산업 사회에 진입하면서 실내 화로의 사용도가 낮아져서 지금은 사라진 생활 용기이다. 이는 일상 생활에서 필요한 여러 가지 가재 도구로도 만들어진 여러 가지 옹기가 가볍고 형태 제작에 용이한 석유화학 제품에 밀려 현대 사회에서 그 쓰임새가 급격히 축소된 것과 같은 것이었다.

불씨통

선사 시대부터 불은 인류의 생활사에 요긴한 존재이나, 쉽게 사그러들어 간수하기 어려웠다. 한국인은 쉽게 불을 얻기 위하여 불씨를 소중하게 보관하였다. 불씨는 "늘 불을 붙일 수 있게 불을 이어나가는 불덩이"라는 의미를 지니고 있다. 이 불씨를 보관하는 용기를 불씨통이라고 한다.

보통은 질그릇으로 만드는데 아궁이 모양으로 내통과 외통이 있다. 실

질적으로 불씨를 보관하는 곳은 내통인데 사토가 많이 섞여 있는 포근한 진흙으로 만들어져 있으며 갈퀴나무(솔잎) 불속에 참숯(참나무 숯)을 곳곳에 적당히 넣어 두면 적어도 일주일쯤은 불씨를 보관할 수 있다.

남존여비 사상이 있던 조선 시대는 여인네들에게 칠거지악이라는 행동을 제약하는 규범을 정해 놓고, 경우에 따라서는 가문에서 추방하는 가혹한 벌을 가하기도 하였다. 불씨통에서 불씨가 꺼졌을 때도 팔거지악에 해당하는 벌을 받았다. 그렇기 때문에 이사를 간다거나 장기간 외출할 때, 비가 오고 눈이 내릴 때는 언제나 불씨 보관에 정성을 다했다.

불은 재운에 비유되어 만약 집안에 모든 불씨가 꺼지면 재운이 나갔다고 낙담했으며, 다시 불을 살리기 위해서 불씨를 남의 집으로 얻으러 가기도 하였다. 그러나 재운을 넘겨준다 해서 쉽게 빌려주지도 않았다. 이사를 가게 되면 맨 먼저 옮기는 것이 불씨통이었고 이 불씨로 불을 지폈을 때 화로나 부엌의 불길이 활활 타오르면 부자가 될 징조로 믿었다.

조선 시대에는 청명날 내명조에서 대궐에 바친 불을 정승, 판서, 문무백관, 각 고을 수령에게 불씨를 나누어 주던 풍습이 있었다. 느릅나무와 버드나무를 마찰시켜 불을 일으키고 습기나 바람에 강한 불씨통에 담아 팔도에 보냈는데, 그 불씨통은 뱀이나 닭가죽으로 만들고 보온력이 강한 은행이나 목화 씨앗을 태운 재에 묻어 운반했다고 한다. 이는 온 백성이 한 불을 씀으로써 모든 국민이 일심동체임을 다지는 국가 의식인 셈이었다.

이 외에도 한국 생활사와 관련된 여러 가지 용기가 옹기로 많이 제작되었다. 제조 용기 가운데는 소주를 내리는 데 사용하는 소줏고리가 그 특이한 형태로 주목을 받았다(도 76). 악기로는 입으로 부는 훈, 꾸르기, 두드려 소리를 내는 물박, 옹장구 등이 있어서 서민들의 흥을 돋우고 여흥

도 76. 옹기 소줏고리 이화여자대학교박물관

을 즐겁게 하였다. 또는 백자로 된 필통이나 필가, 연적 등을 구할 수 없는 가난한 선비들은 옹기로 만든 연적이나 문방구를 가까이 하였고 옹기 등잔, 쌍심지 등을 사용하여 작은 방을 밝히기도 하였다(도 77).

이 밖에도 농사짓는 데 필요한 물통, 똥장군, 요강 등과, 집안에서 필요한 재떨이, 담뱃대, 베개, 건강을 위한 부황 단지, 약탕기 등을 모두 옹기로 만들어 사용하였기에 옹기에는 한국인의 다양한 생활 습속과 자연관, 정서가 깃들어 있다.

한국 민속을 대표하는 문물의 하나이기도 한 옹기에서는 의식 용기에서 볼 수 있는 장식성이나 권위를 상징하는 기교의 과시 대신에 일상 생활의 편이와 경제성을 기본으로 하는 기능이 가장 두드러진다. 그러나 단순한 형태에서는 숙련된 도공의 무심한 마음과 자연에 순응하고 적응하는 한국민의 순후한 정서를 읽을 수 있으며 기술성에 있어서는 저장 용량이나 운반 용량을 최대화할 수 있는 세계에서 가장 크고 가벼운 도기를 만들었던 기술사의 정점을 볼 수 있다.

한국 도자 역사상 계층의 구분 없이 지역의 구분 없이 가장 널리 가장 많이 쓰인 것이 옹기이다. 옹기는 한국 전통 가옥의 가장 깊고 양지 바른 곳에서 한국 전통 음식을 제조하고 보관하는 데 쓰인 것이기에 가장 따스한 한국 어머니의 손길이 가장 많이 닿은 생활 용품이다. 그 때문에 옹기는 한국인에게 어머니의 품과 같이 따스하고 포근한 존재이기도 하였다.

도 77. 옹기 등잔 옹기민속박물관

자연과 어울리는 한국 옹기

글을 맺으며

한국의 도자 공예 가운데 선사 시대로부터 근세까지 가장 길고 가장 강한 역사를 지닌 것이 도기이다. 그 가운데 고급 도기라고 할 수 있는 유약 도기는 최근까지 지속적으로 발전되어 오늘날 일반적으로 흔히 보는 옹기에 이르렀다. 즉 1,200년 전에 시작된 시유 도기가 주로 한국민의 저장 식품을 위한 생활 용기로 정착하여 독특한 옹기 문화를 형성하게 되었다.

한국 도기 공예의 역사가 일만 년에 이르는 길고 긴 역사이기에 시대에 따른 제작 기술의 발달에 따라 형태와 질에 변화도 있었다. 그러나 어느 것이라도 흙의 기운을 그대로 보존하고 있는 저장 용기로서의 기능과 기능을 앞세운 단순한 형태, 숙달된 장인의 손길이 엮어낸 여유로움이 있는 풍만함을 지니고 있다.

생산 기술사에 있어서도 고려 청자, 조선 백자의 자기 생산 기술과 달리 고조선, 고구려, 백제, 신라, 가야에서 조선 시대까지 일관된 생산 기술의 전통성을 유지하였던 것이 도기의 특징이라고 할 수 있다. 도기의 전통은 한국민의 전통적인 식생활과 농경 정착 생활이 낳은 대가족 제도의 정착으로 대량의 먹거리를 비축하는 생활 문화가 낳은 독특한 것으로 각 시대마다 규격화되고 정형화되었다. 그러나 한정된 시대와 수요 계층의 변화에 따라 그 생산이 단절되었던 청자와 백자에 비하여 한국 도기의 역사는 통시대적이고 전통적이다. 더욱이 다양한 시유 도기의 개발로 한국 도기는 한국 도자 문화에 다양성을 주었고 한국 도자기 역사의 근간을

물길로 운송하는 옹기

이루었다.

20세기 산업 사회에 들어오면서 인류의 모든 생활 용품에는 편리함과 생산 가격이 낮은 대량 생산을 위한 여러 가지 시도가 낳은 삭막함이 깃든다. 그러나 푸근한 흙의 기운이 살아 있는 한국 도기에는 부드러운 대지와 같은 따스함이 있다.

21세기를 맞으면서도 한국인들은 생활 속에서 인간의 영과 혼을 순화시키고 모든 생명을 키워내는 땅의 기운을 보존하기 위하여 흙으로 돌아갈 수 있는 도기 제작의 손을 놓지 않고 있기에 아직도 한국에서는 도기 공예의 맥이 지속되고 있다.

참고 문헌

「세종실록지리지」, 초계군, 진주목.

강경인 _ "영암 구림리 도기 요지 출토 도기의 자연과학적 분석", 「영암토기전통 학술대회」, 1999.

국립중앙박물관 _ 「단원 김홍도」, 1990.

국립중앙박물관 _ 「송국리 Ⅱ」, 1986.

堀內明博 _ 「일본 출토의 조선 왕조 도자」, 동경국립박물관, 1993.

김영원 _ "통일신라 시대 연유의 발달과 자기의 출현", 「미술자료」 62, 1999.

목포대학교박물관 _ 「해남 진산리」, 1998

문화재관리국 _ 「왕도해저유물」, 1985.

문화재관리국 _ 「황룡사지 발굴조사 보고서(1)」, 1990.

샤프크노프 _ 「니콜라이에프카성 발굴 보고」, 1963.

서긍 _ 「고려도경」, 민족문화추진회 옮김, 1997.

서울대학교박물관 _ 「특별전 고구려」, 2000.

이화여자대학교박물관 _ 「영암 구림리 토기요지 발굴조사」, 1988.

이화여자대학교박물관 _ 「영암토기전통 학술대회, 1999.

이화여자대학교박물관 _ 「옹기의 원류를 찾아서」, 2000.

조정현 _ "옹기 소고", 「도예연구」, 1987.

중국사회과학고고연구소 _ 「신중국의 고고학」, 1998.

중국사회과학원 _ 「중국 동부지방의 유적 발굴 보고」, 1996.

진홍섭 _ 『한국미술사자료집성』, 일지사, 1997.

도판 목록

도 1 **여러 가지 토기** p.6
청동기 시대, 사천 본촌리 유적, 경상대학교박물관

도 2 **신석기 시대 토기** p.14
강원도 고성 문암리 출토, 국립문화재연구소

도 3 **덧띠무늬 토기** p.16
강원도 고성 문암리 출토, 국립문화재연구소

도 4 **빗살무늬 토기** p.17
서울 암사동 출토, 국립중앙박물관

도 5 **양양 오산리 신석기 시대 집터** p.18

도 6 **하남 미사리 신석기 시대 유적 발굴 현장** p.18

도 7 **무문 토기 항아리** p.20
청동기 시대, 부여 송국리 출토, 국립중앙박물관

도 8 **홍도** p.22
청동기 시대, 이화여자대학교박물관

도 9 **흑도** p.24
청동기 시대~초기 철기 시대, 국립중앙박물관

도 10 **순천 대곡리 집터의 토기** p.26
초기 철기 시대, 국립중앙박물관

도 11 **와질 토기 오리** p.28
초기 철기 시대, 울산 중대리 고분 출토, 창원대학교박물관

도 12 **백제의 그릇받침** p.30
백제 5~6세기, 국립중앙박물관

도 13 **옹관** p.32
마한 5세기, 무안 구성리 출토, 목포대학교박물관

도 14 **영암 옥야리 옹관 출토 상황** p.34
목포대학교박물관 발굴 조사

도 15 **밑 둥근 항아리** p.36
백제 · 신라 5~6세기, 이화여자대학교박물관

도 16 **작은 단지** p.38
신라 · 남북국 시대 신라 5~8세기, 이화여자대학교박물관

도 17 **자연유가 흐르는 도기 단지** p.39
백제 · 남북국 시대 신라 5~8세기, 이화여자대학교박물관

도 18 **가야의 옛무덤** p.40
합천 옥전 고분, 경상대학교박물관 발굴 조사

도 19 **가야 도기의 여러 가지** p.42
가야 5~6세기, 이화여자대학교박물관

도 20 **오리 모양 도기** p.44
가야 5~6세기, 이화여자대학교박물관

도 21 **배 모양 도기** p.45
가야 5~6세기, 이화여자대학교박물관

도 22 **수레 모양 도기** p.46
가야 5~6세기, 이화여자대학교박물관

도 23 **집 모양 도기** p.47
가야 5~6세기, 이화여자대학교박물관

도 24 **고구려 고분 벽화** p.48
안악3호분

도 25 **고구려 도기 시루** p.48
구리시 아차산성 출토, 서울대학교박물관

도 26 **고구려 도기 동이** p.50
고구려 6세기, 서울 구의동 출토, 서울대학교박물관

도 26-1 **고구려 도기 실측도** p.51
고구려 6세기, 서울 구의동 출토, 서울대학교박물관

도 27 **발해 도기** p.52
러시아 니콜라이에프카 출토

도 28 **발해의 말갈식 도기** p.52
연해주 아브라크프카 출토, 러시아 극동대학 고고학연구소

도 29 **이형 도기 병** p.54
남북국 시대 신라 7~8세기, 이화여자대학교박물관

도 30 **뚜껑이 있는 작은 기름병** p.56
남북국 시대 신라 7~8세기, 이화여자대학교박물관

도 31 **고배** p.59
남북국 시대 신라 7~8세기, 국립김해박물관

도 32 **장경호** p.60
남북국 시대 신라 8세기, 이화여자대학교박물관

도 33 **합** p.61
남북국 시대 신라 8세기, 이화여자대학교박물관

도 34 **인화문 도기 대접** p.62
개인 소장

도 35 **병, 편병** p.62
남북국 시대 신라 8~9세기, 이화여자대학교박물관

도 36 **골호** p.64
남북국 시대 신라 8~9세기, 이화여자대학교박물관

도 37 **인화문 도기의 여러 가지** p.66
남북국 시대 신라 7~8세기, 이화여자대학교박물관

도 38 **보령 진죽리 요지 출토 도기들** p.71

도 39 **1면 편병** p.74
남북국 시대 신라 9세기, 이화여자대학교박물관

도 40 **4각 편병** p.75
남북국 시대 신라 9세기, 이화여자대학교박물관

도 41 **고려 도기 편병** p.76
해남 진산리 요지 10~12세기, 이화여자대학교박물관

도 42 **강진 삼흥리 고려 도기 가마터** p.79

도 43 **손잡이가 달린 자배기** p.80
고려 13~14세기, 개인 소장

도 44 **16세기 도기 자배기** p.81
경기도 광주 번천리 9호 조선 백자 가마터 출토,
이화여자대학교박물관

도 45 **고기잡이** p.82
김홍도, 조선 시대, 국립중앙박물관

도 46 **저화도 유약 녹유 귀면와** p.88
남북국 시대 신라 8세기, 이화여자대학교박물관

도 47 **저화도 유약 황갈유 도기 자배기** p.92
고구려 6세기, 서울 구의동 출토, 서울대학교박물관

도 48 **구림 도기의 유약** p.94
남북국 시대 신라 9세기, 영암 구림리 출토,
이화여자대학교박물관

도 49 **녹갈유 병** p.97
고려 말 조선 초 14~15세기, 이화여자대학교박물관

도 50 **녹갈유 철화 당초무늬 반** p.98
고려 12세기, 이화여자대학교박물관

도 51 **흑갈유 편호** p.100
고려 13세기, 이화여자대학교박물관

도 52 **흑갈유 장군** p.102
고려 12세기, 이화여자대학교박물관

도 53 **흑갈유 도기 병의 여러 가지** p.103
고려 12~13세기, 이화여자대학교박물관

도 54 **송광사의 겨울 장독대** p.104

도 55 **옹기의 성형 방법** p.108
김준근, 19세기

도 56 **옹기와 같은 형태의 고구려 도기 항아리** p.110
고구려 6세기, 서울대학교박물관

도 57　**옹기의 잿물 유약**　p.112
이화여자대학교박물관

도 58　**9세기 영암 구림리 도기 가마**　p.114

도 59　**1960년대 개량식 칸 가마(경주)**　p.115

도 60　**도기 원료인 자연 상태의 점토**　p.117

도 61　**옹기 항아리의 장식 문양**　p.118
이화여자대학교박물관

도 62　**옹기 굴뚝**　p.120
옹기민속박물관

도 63　**수탉 그림 큰 옹기 항아리**　p.122
이화여자대학교박물관

도 64　**옹기 동이**　p.124
개인 소장

도 65　**옹기 물허벽**　p.126
개인 소장

도 66　**옹기 물두멍**　p.128
개인 소장

도 67　**옹기 겹단지**　p.130
옹기민속박물관

도 68　**옹기 8각 단지**　p.130
옹기민속박물관

도 69 **옹기 젓조쟁이** p.132
개인 소장

도 70 **푸레독** p.132
이화여자대학교박물관

도 71 **옹기 양념 단지** p.133
옹기민속박물관

도 72 **옹기 식초병** p.135
개인 소장

도 73 **옹기 업단지** p.136
옹기민속박물관

도 74 **옹기 시루** p.137
옹기민속박물관

도 75 **옹기 화로** p.139
옹기민속박물관

도 76 **옹기 소줏고리** p.141
이화여자대학교박물관

도 77 **옹기 등잔** p.143
옹기민속박물관

나 선 화

이화여자대학교 사학과 고고미술사 전공
현재 이화여자대학교박물관 학예연구실장
한국 큐레이터 포럼 회장
인천시 문화재위원
문화재청 문화재위원
박물관 교육학회 이사
문화공간 건축학회 이사
고려학술문화재단 이사

저서

『소반』(1991)
『한국 도자기의 흐름』(2004)
『박물관 교육』(1999, 공저)
『큐레이터가 말하는 박물관』(2003, 공저)

논문

「16세기 한국 도자기의 양상」(1994)
「16, 17세기 한국 요업 기술의 전개」(1997)
「구림 도기의 특성」(1999)
「발해 유물에 나타난 중앙아시아 요소」(1999)
「옹기의 연원」(2000)

발굴 조사 보고서

「조선 백자 요지(번천리)」
「영암 구림리 도기 요지」
「광주 우산리 9호 백자 요지」
「보령댐 수몰지구 도요지」

전시 기획

「부안 유천리요 고려 도자」(1983)
「조선 백자 항아리」(1985)
「통일신라 · 고려 질그릇」(1987)
「한국의 장신구」(1991)
「마지막 관요 분원리」(1991)
「옛 가구의 아름다움」(1995)
「옹기의 원류를 찾아서」(2000)

이화여자대학교출판부 기획 시리즈

'우리 문화의 뿌리를 찾아서'

1. 한국사 입문 : 신형식 지음
2. 전통 한복의 멋 – 노리개 : 이경자 지음
3. 한국의 지붕 · 선 : 임석재 지음
4. 한국의 창 · 문 : 임석재 지음
5. 한국의 돌 · 담 · 길 : 임석재 지음
6. 한국의 전통 공간 : 임석재 지음
7. 한국의 꽃살 · 기둥 · 누각 : 임석재 지음
8. 우리춤 : 김말복 지음
9. 한국 고전여성작가의 시세계 : 이혜순 지음
10. 한국의 탈춤 : 조동일 지음
11. 한국의 전통 교육 : 최완기 지음
12. 한국의 풍속 – 민간 신앙 : 최준식 지음
13. 한국의 전통 사회 – 화폐 : 원유한 지음
14. 한국의 전통 공예 – 도기 : 나선화 지음

근간

한국의 전통 선박 – 한선(韓船) : 최완기 지음
한국의 소반 : 배만실 지음
한국의 여행 문학 : 김태준 지음

한국의 전통 공예 도기

펴낸날 1판 1쇄 2006년 2월 8일 _ **지은이** 나선화 _ **펴낸이** 김용숙 _ **펴낸곳** 이화여자대학교출판부
주소 서울특별시 서대문구 대현동 11-1 (120-750) _ **등록** 1954년 7월 6일 제9-61호
전화 02-3277-3163, 3242(편집부) 02-3277-3164, 362-6076(영업부) _ **팩스** 02-312-4312
전자우편 press@ewha.ac.kr _ **인터넷서점** http://www.ewhapress.com
편집 책임 정경임 _ **편집** 이혜지 · 김미정 _ **디자인** GNA Communications _ **찍은곳** (주)문성원색

값 12,000원
ISBN 89-7300-672-X 54630
ISBN 89-7300-602-9 (세트)